O_2O를 활용한 모바일 앱 구전 확대전략

- 모바일 지갑(Mobile Wallet)을 중심으로 -

이 상 기

서울경제경영

| 저자소개 |

이상기

하나은행(1991~2012)의 종합리스크관리부, 자산부채종합관리팀(ALM) 등을 거쳐 현재 하나금융지주 재무기획팀 팀장으로 근무하고 있다. 서울과학종합대학원에서 "O2O환경에서 모바일 애플리케이션의 개발, 사용과 구전의도에 관한 연구: 모바일 지갑(Mobile Wallet)을 중심으로"논문으로 경영학 박사 학위를 받았다. 학술논문으로는 "스마트폰뱅킹 활성화를 위한 모바일 지갑 서비스개발: 하나은행 N Wallet 개발 사례를 중심으로", "모바일 지갑 시장 확대를 위한 사용요인에 관한 연구: 제품특성을 중심으로", "O2O의 구전의도에 미치는 요인: 사용자 만족과 지속적 사용의도의 매개효과와 성별 조절효과를 중심"가 있다. 주요관심사항으로는 O2O, 핀테크(Fintech), 플랫폼 비즈니스, 스타트업(startup), 크라우드펀딩(crowdfunding), 뱅킹(Banking), 금융리스크관리(Financial Risk Management) 분야이다.

본 도서는 서울과학종합대학원대학교 박사학위논문을 바탕으로 재편집된 것입니다.

■ 초 록

모바일은 삶의 필수적인 도구가 되었다. 이동성, 휴대성, 상호작용을 기반으로 각종 모바일 애플리케이션(이하 '앱')이 개발되면서 마케팅과 서비스 전달의 중요한 매체가 되고 있다. 정보통신기술의 발달과 산업간 경계가 사라지면서 온라인과 오프라인을 연계한 O2O(Online to Offline 또는 Offline to Online) 서비스가 급증하면서 산업전반으로 확대되고 있다. 모바일 앱을 매개로한 O2O는 유통의 중심을 공급자 중심에서 소비자중심으로 변화시키고 있다. 기업의 신서비스개발, 소비자의 사용의도 및 구전의도가 기업의 존망을 결정하는 중요한 요인이 되고 있다. 대부분의 애플리케이션은 무료로 제공되고 있어 다운로드 받아 시험 사용해본 후 쉽게 삭제가 가능하다. 사용해 본 후 소비자가 원치 않는 애플리케이션은 즉시 삭제하고 유용한 애플리케이션은 지속적인 사용뿐만 아니라 구전의도에 영향을 미칠 것으로 추론된다. 따라서 성공적인 모바일 애플리케이션이란, 기업의 성공적인 개발, 소비자의 사용과 구전으로 연결될 것으로 추론된다. 이를 검증하기 위하여 핀테크의 핵심으로 떠오르고 있는 모바일 지갑을 중심으로 3단계로 나누어 연구를 진행하였다.

첫째, 혁신적인 애플리케이션 개발의 성공요인 도출이다. 이를 위해 하나은행의 N Wallet 개발사례를 살펴보았다. 모바일 사용자 환경에서 스마트폰 뱅킹 확산, 스마트폰 기술과 연계된 다양한 금융 서비스가 개발되고 있다. 통합된 결제 시스템의 편리성을 강조하는 모바일 지갑은 스마트폰 뱅킹 활성화에 중요한 쟁점이 되고 있다. 이에 국내 금융기관 최초로 모바일 지갑을 출시한 하나은행 N Wallet 개발사례를 Menor and Roth(2007)의 '개발 프로세스', '서비스 전략', '시장지향성', '개발문화', '정보기술'의 다섯 가지 신서비스 성공요인을 기반으로 분석하여 스마트폰 뱅킹 활성화를 위한 모바일 지갑 서비스개발 성공전략을 제시했다. 결과적으로 하나은행 N Wallet는 최고 전문가 집단의 신속한 의사결정 및 소통을 바탕으로 철저한 시장과 사용자 조사를 통한 서비스 설계와 흥미 유발이 가능한 독창적인 서비스개발을 이루었다. 또한, 스마트폰 시장 활성화라는 목표 아래 적극적인 기업 지원을 바탕으로 신기술 개발보다는 사용자의 이용을 극대화할 수 있는 기술 융합을 통해 성공을 이뤄냈다는 특징을 보여준다.

둘째, 혁신적인 제품에 대한 사용자들의 사용에 영향을 미치는 모바일 지갑의 제품특성을 도출 하였다. 모바일 지갑의 제품특성 요인을 찾아내기 위하여 모바일 지갑 앱을 다운로드 한 후 남긴 댓글을 분석한 결과 편리성과 경제성이 모바일 지갑의 특성으로 파악되었다. 아울러 스마트폰의 특징인 상황기반제공성을 추가하고 이를 기술수용모델의 지각된 용이성, 지각된 유용성이 사용의도에 영향을 미치는지와 성별에 따른 집단 간의 차이가 있는지를 규명 하였다. 실증연구를 위해 주사용자인 대학생들과 회사원들 중 모바일 지갑 사용경험이 있는 대상자에게 설문지를 배포하여 유효 표본을 통해 가설검증을 수행하였다. 가설검증 결과, 편리성과 상황기반제공성은 지각된 용이성에 정(+)의 영향을 미치는 것으로 나타났다. 경제성은 지각된 유용성에 정(+)의 영향을 미치는 것으로 규명되었다. 지각된 용이성은 지각된 유용성에 정(+)의 영향을 미치는 것으로 규명되었다. 지각된 용이성과 지각된 유용성은 사용의도에 정(+)의 영향을 미치는 것으로 규명되었다. 성별에 따라 사용의도에 미치는 영향이 차이가 있는 것으로 규명되었다.

셋째, 혁신적인 제품에 대한 사용자들의 구전의도에 영향을 미치는 요인의 도출이다. 스마트폰 확산에 따른 SNS(Social Network Service) 사용이 보편화 되면서 구전이 마케팅의 중요한 수단이 되고 있다. 계속기업의 관점에서 고객만족, 지속적 사용, 구전은 기업생존의 필수요소이다. 저렴하면서도 강력한 마케팅 수단이 되고 있는 구전의 원천을 파악하고 성별간의 차이를 발견하고자 하였다. 구전의도에 영향을 미치는 변수를 살펴보기 위해 지각된 유용성, 지각된 용이성, 지각된 즐거움, 지각된 보안성과 사용자 만족, 지속적 사용의도가 구전의도에 미치는 영향을 규명 하고자 하였다. 가설검증 결과, 지각된 유용성, 지각된 용이성, 지각된 즐거움, 지각된 보안성은 사용자 만족에 정(+)의 영향을 미치는 것으로 규명되었다. 지각된 유용성은 지속적 사용의도에 정(+)의 영향을 미치는 것으로 규명되었다. 사용자 만족은 지속적 사용의도에 정(+)의 영향을 미치는 것으로 규명되었다. 사용자 만족은 구전의도에 정(+)의 영향을 미치는 것으로 규명되었다. 지속적 사용 의도는 구전의도에 정(+)의 영향을 미치는 것으로 규명되었다. 성별에 따라 구전의도에 미치는 영향이 차이가 있는 것으로 규명되었다.

본 연구는 O2O환경에서 혁신적인 제품인 모바일 지갑을 대상으로 성공적인 개발 요인, 사용자의 사용의도에 영향을 미치는 제품의 특성, 구전의도에 영향을 미치는 요인에 관한 연구를 진행 하였다. 이러한 연구결과들은 O2O환경에서 혁신적인 제품이나 서비스를 개발하고자 하는 기업과 실무자들에게 시사점이 될 것이라고 확신한다. 다만, 아직 모바일 지갑이 성숙된 시장이 아니고 사용자들의 요구가 점증하고 있는 초기제품이라는 한계점이 있다. 따라서 향후 모바일 지갑에 대한 시장이 성숙되면 이에 대한 추가적인 연구들이 필요할 것이다.

목 차

IV. 모바일 지갑 시장 확대를 위한 사용요인에 관한 연구 : 제품특성을 중심으로 87

V. O2O의 구전의도에 미치는 요인: 사용자 만족과 지속적 사용의도의 매개효과와 성별 조절효과를 중심으로 119

VI. 결 론 147

표목차

그림목차

I 서 론

제1절 연구의 배경 및 목적

1.1 연구의 배경

우리나라 스마트폰 보급률은 2015년 상반기 기준 83.0%로 세계에서 네 번째로 높은 수준이다(KT경제경영연구소). 모바일이 스마트폰으로 진화하면서 소비자들의 삶의 중심이 PC에서 모바일로 옮겨가면서 라이프 스타일(Life Style)을 재편하고 있다(정영훈·김건·이중정, 2015). 스마트폰은 단순한 통화 도구가 아닌 인간의 삶을 바꾸는 독특한 상호작용의 수단이자 삶의 양식(way of life)이 되었다(Standen, 2001). 스마트폰은 개인의 필수적인 정보도구 일뿐만 아니라 인간의 확장(Extensions of Man)을 의미(McLuhan, 1994)하며, 사람과 사람, 사람과 기계, 기계와 기계가 연결되는 초연결사회(hyper-connected society)로의 진화를 주도하며 산업 간의 경계를 허무는 매개가 되고 있다. 스마트폰은 언제, 어디서나 상시적인 인터넷 접속이 가능해지면서 문제해결의 도구로도 사용되고 있다. 아울러 고객 동의만 있으면 위치기반서비스를 바탕으로 개인별 맞춤서비스가 가능하다.

스마트폰의 다양한 기능은 애플리케이션(이하 '앱')을 통해서 수행된다. 앱 개발이 표준화됨에 따라 개발자들은 단말기 제조사 또는 통신사와 상관없이 개발할 수 있게 되었고 사용자들의 편리성도 크게 제고 되었다. 앱은 무료 또는 저렴한 가격으로 누구나 다운로드 받아 시험적으로 사용해 볼 수 있고 원하는 제품이 아닌 경우는 간단하게 삭제 할 수 있어 사용자들의 시험가능성과 접근가능성이 높아지면서 크게 활성화 되었다. 앱 활성화는 소비자의 라이프 스타일에 획기적인 변화를 초래 하면서 쇼핑에서도 오프라인에서 온라인으로 혹은 온라인에서 오프라인으로 서비스를 연결되면서 범위가 확장되고 있다.

O2O(online to offline 또는 offline to online)는 온라인과 오프라인이 상호 유기적으로 연결되어 제공되는 상거래 또는 서비스를 말한다(이상기·강명수, 2016). 스마트폰의 확대에 따른 소비자들의 쇼핑에 대한 선택의 폭이 넓어지면서 채널도 싱글채널, 크로스채널, 멀티채널로의 변화를 거듭하고 있다. 이제는 온라인과 오프라인 채널을 하나의 유기적인 관점에서 접근하는 옴니채널로 진화는 선택이 아닌 필수가 되고 있다. O2O는 위치기반서비스와 간편결제가 활성화되면서 폭발적으로 증가하고 있다. O2O는 기업이 거부할 수 없는 대세가 되어가며 유통, 식품, 교육, 부동산 등 산업 전반으로 확대되고 있다.

모바일 지갑은 핀테크(Fintech)의 지급결제 분야의 O2O 중의 하나이다(이상기·강명수, 2015), 금융규제의 완화로 비금융사업자의 금융업 진출이 가능케 되면서 지급결제분야 등에서 경쟁과 협업 진행 중에 탄생하게 되었다. 모바일 지갑은 멤버십 카드, 쿠폰, 상품권 등의 통합적인 관리, 충전 및 지급결제수단, 위치정보를 기반으로 개인별 맞춤서비스를 제공하면서 빠르게 확산되고 있다. 모바일 지갑은 단순히 지급결제의 수단이 아니라 일상에 필요한 지급과 결제를 담당하는 플랫폼이라는 관점에서 접근이 필요하다. 플랫폼에는 많은 고객들이 모이게 되고 이 플랫폼을 통해서 다른 곳으로 이동하게 되는 통로가 된다는 점에서 기업들에게 매력적인 마케팅 수단이 될 수 있다. 스마트폰 사용자가 증가함에 따라 모바일 지갑의 다운로드 수도 꾸준히 증가하고 있으며, 다양한 산업에서 다양한 종류의 모바일 지갑 앱이 출시되고 있다. 모바일 지갑은 온라인에서 쿠폰 등을 구매하고 오프라인매장에서 사용하거나, 오프라인에서 충전 또는 구매한 후 온라인에서 결제형태로 사용되고 있는 대표적인 O2O이다(이상기·강명수,

2015), 고객 동의 시 위치기반서비스를 통하여 온라인과 오프라인을 연계한 O2O서비스 제공을 특징으로 한다. 이러한 서비스들은 언제나 어디서나 사용이 가능한 유비쿼터스 환경과 연계되어 시간과 공간의 제약을 받지 않는다(이청아 · 윤혜정 · 이충훈 · 이중정, 2015). 2015년 8월말기준 국내 대표적인 모바일 지갑인 SK 플래닛의 시럽 월렛(Syrup Wallet) 가입자 수는 1,450만명이며 사용이 가능한 가맹점도 5만 8,000여 곳에 이르고 있다. 이처럼 O2O가 전산업에 깊이 파고들어 다양하게 활용 되면서 짧은 기간에 급격한 확산되고 있다. 모바일 지갑의 가입자와 다운로드 수의 급증에도 불구하고 지속적 사용자들은 많지 않은 것으로 알려져 그 배경에 궁금증을 자아내고 있다.

모바일 지갑의 시장 확대를 위해서는 사용에 관한 연구와 구매에 크게 영향을 미치는 구전의도에 관한 많은 연구가 필요하나 이에 대한 연구는 많지 않다.

따라서 본 연구에서는 금융, 통신, 유통의 혁신적인 제품인 모바일 지갑의 성공적인 개발사례, 모바일 지갑의 시장 확대를 위한 소비자들의 사용에 미치는 요인, 구전요인을 살펴보고자 한다.

1.2 연구의 목적

오늘날 산업간 경계가 사라지고 있다. 산업간 경계를 무너뜨리는 주요인은 언제, 어디서나, 원하는 정보를 얻을 수 있는 스마트폰의 확산이라 할 수 있다. 스마트폰에 사용되는 수많은 앱이 개발되면서 수많은 정보들이 시간과 공간을 초월하여 정보가 공유되면서 영역을 파괴하고 있다. 스마트폰의 앱은 주로 무료로 공급되고 시험가능성과 사용접근성이 용이해지면서 사용의도가 중요해지고 있다. 모바일 지갑도 유사하다. 금융기관, 통신사, 유통업체 등에서 제공하는 다양한 종류의 앱이 많고, 다운로드 수도 크게 증가 하였으나 지속적인 사용에 대한 의문이 들면서 사용에 대한 관심이 커지고 있다. 본 연구에서는 O2O의 대표적인 제품인 모바일 지갑을 중심으로 성공적인 개발요소는 무엇이며, 사용에 영향을 미치는 요소는 무엇이고, 구전에 영향을 미치는 무엇인지를 파악하여 학술적·실무적 시사점을 제공하고자 한다. 본 연구의 주요한 목적은 세분하면 다음과 같다.

첫째, 모바일 지갑과 같은 앱의 성공적인 개발요인은 무엇인가를 살펴보고자 한다. 금융 3.0시대를 맞이하여 급성장하고 있는 스마트폰 뱅킹 시장 내 혁신적인 서비스라고 일컫고 있는 모바일 지갑 현황을 살펴보고, 금융기업의 모바일뱅킹 활성화를 위한 신서비스개발측면에서 모바일 지갑 서비스 성공사례를 분석하여 구체적인 모바일 지갑 서비스 성공 요인과 스마트폰 기반의 신서비스개발전략을 위한 시사점을 제안하고자 한다. 사용자들의 사용과 지속적으로 사용되고 미디어보다 더 강력한 마케팅 수단인 구전의도에 영향을 미칠 앱을 만들기 위한 신서비스의 성공적인 개발과정을 상세히 살펴봄으로써 신서비스개발 기업들에게 성공 요인을 제시하고자 한다.

둘째, 모바일 지갑의 사용에 영향을 미치는 제품특성이 무엇인지를 규명하고자 한다. 아무리 좋은 아이디어와 상품도 고객들이 사용이나 사용이 없다면 불필요한 제품이나 서비스가 될 것이다. O2O에 사용되는 모바일 지갑의 어떠한 특성들이 고객들로 하여금 사용 및 사용의도에 영향을 미치는 지를 파악하기 위한 실증분석을 시행하고자 한다. 사용자들이 원하는 모바일 지갑의 특성을 파악하기 위해 모바일 지갑 다운로드 후 남긴 다량의 댓글을 분석하여 소비자들이 사용하고 원하는 모바일 지갑의 특성을 파악했다. 소비자들이 원하는 모바일 지갑 사용특성으로는 편리성, 경제성, 상황기반제공성이라는 요인들이 추출되었으며, 이를 중심으로 사용에 영향을 미치는지를 검증하여 모바일 지갑의 시장 확대를 위한 시사점을 제공하고자 한다.

셋째, 모바일 지갑의 구전의도에 영향을 미치는 요인이 무엇인지를 규명하고자 한다. 오늘날 기업경영에서 고객은 대단히 중요한 자산이다. 고객은 단순히 제품과 서비스를 구매하는 수동적인 입장에서 구매 및 이용 후에도 SNS(Social

Network Service)상에 생각과 의견을 남기고 있어 지속적으로 제품과 서비스를 제공해야만 하는 기업들에게 있어 구전은 대단히 중요하다. 잘못된 구전은 기업을 순식간에 어렵게 하지만, 좋은 구전은 단기간에 기업 가치는 물론이고 제품 판매에 긍정적인 요인으로 크게 작용하고 있다. 특히, 소비자들은 제품 구매 시 미디어에 대한 신뢰보다는 구전에 대한 신뢰가 더 높은 것으로 알려지면서 구전의 중요성은 날로 더해가고 있다. 따라서 기업들은 고객수의 확장과 활성화에 많은 비용을 지출하고 있다. 하지만, 대부분의 스마트폰 쇼핑이 앱을 통해서 이루어지면서 앱에 대한 사용자들의 경험을 바탕으로 구전의도는 대단히 중요한 기업성공의 요인이 되었다. 그러나 앱을 다운로드 받아 시험 삼아 사용한 사람을 고객이라고 표현하지는 않는다. 진정한 고객이 되기 위해서는 기업이 만든 제품에 만족하고 이에 만족한 고객은 지속적으로 앱을 사용할 때 고객이라고 할 수 있을 것이다. 또한 기업도 이를 통해 수익을 창출하게 된다. 이러한 측면에서 고객과의 지속적인 관계유지는 기업생존에 필요 불가결한 요소임에 틀림이 없다. 가입자 수가 많음에도 불구하고 사용자들이 많지 않은 것으로 알려진 모바일 지갑에 대한 사용자 만족, 지속적 사용의도, 구전의도와 같은 후기사용에 대한 관계에 대한 궁금증을 자아내고 있으나, 모바일 지갑에 대한 연구들은 한정되어 있다. 이에 본 연구에서는 이러한 한계점을 극복하기 위하여 후기사용모델을 이용하여 구전의도에 영향을 미치는 요인을 규명하자 한다.

넷째, 제품과 서비스의 사용(또는 사용)과 구전의도의 성별간의 차이에 관한 규명이다. 사회과학분야에서는 성별차이에 관한 주제는 오랫동안 다루어져 왔다. 과거 연구들에 따르면 성별간의 차이에 따라 마케팅 포인트, 마케팅 시점, 채널 등이 달라져야 함을 의미한다. 모바일 지갑도 남성과 여성들은 어떠한 차이가 있는지를 검증하는 것은 학술적, 실무적으로 유용할 것으로 보인다. 이러한 성별간의 차이점은 사용과 구전 시 마케팅 포인트에 대한 차별화, 접근방법에 대한 차이점을 제시할 수 있을 것이다.

제2절 연구방법과 대상

2.1. 연구방법

모바일 지갑과 같은 앱은 무수히 많이 만들어지고 있으나, 대부분의 많은 앱이 바로 사라지거나 대중화 되지 못하고 사라진다. 따라서 본 연구에서는 금융산업과 비금융산업의 경계가 사라지면서 탄생한 혁신적이라고 여겨지는 모바일 지갑의 성공요인을 분석하고자 한다. 성공요인은 크게 3가지로 요약될 수 있다. 많은 사용자들의 사용요인에 관한 연구와 SNS 구전의도에 영향을 미치는 요인을 파악하는 것이다. 아울러 사용자들이 즐겨 사용하는 앱은 개발업체들의 많은 노력을 기울인 결과이기도 하다. 즉, 많은 사람들이 즐겨 사용하는 좋은 앱은 단순히 제품 그 자체만이 아니라 그 제품과 아이디어를 개발한 배경도 포함되어야 한다. 따라서 성공적인 모바일 앱을 개발한 하나은행의 사례를 살펴보고, 개발된 혁신적인 제품을 소비자들이 왜 사용하고 구전요인이 무엇인지를 파악하고자 2편의 실증연구를 진행한다. 즉, 정리하면 다음과 같다.

첫째, 모바일 지갑의 개발사례에서는 하나은행의 'N Wallet' 서비스개발팀 내부 자료와 관련 조직원들의 인터뷰를 통해 Woods & Catanzaro(1988)가 제시한 사례분석 방법에 따라 서비스개발에 대한 내용을 시간적 흐름에 따라 전개하여 살펴보고, 신서비스개발의 성공적 측면을 고찰하기 위해 Menor & Roth(2007)가 제시한 다섯 가지 핵심 요인을 기반으로 '개발 프로세스 측면', '서비스 전략설계 측면', '시장 지향적 측면', '서비스개발 문화 측면', '정보기술 사용 측면' 에서 사례를 분석하였다.

둘째, 모바일 지갑의 사용요인에 관한 연구에서는 TAM을 활용하여 모바일 지갑 제품특성이 사용의도에 미치는 요인을 연구하였다. 마크로밀엠브레인(2013)에 따르면 모바일 지갑 인지율은 81.0%로 매우 높은 편이나 실제 사용률은 높지 않은 것으로 알려져 그 원인과 배경에 많은 의구심이 제시되어 있다.

모바일 지갑의 사용에 관해서는 기술수용모델(TAM)의 외부변수로서 모바일 지갑의 특성인 편리성과 경제성 그리고 유비쿼터스(Ubiquitous)의 특징인 상황기반제공성을 중심으로 사용요인에 관한 연구를 진행하였다. 모바일 지갑의 특성변수를 추출하기 위하여 모바일 지갑 다운로드 대상자들이 남긴 이용후기를 분류하여 그 특성을 추출 하였다.

셋째, 모바일 지갑의 구전의도를 규명하기 위해서는 TAM 3에서 사용된 지각된 유용성, 지각된 용이성, 지각된 즐거움과 지각된 보안성을 변수로 하여 사용자 만족, 지속적 사용의도, 구전의도에 미치는 영향을 규명하였다.

본 연구는 혁신적 제품이라는 모바일 지갑의 성공적인 개발 요인, 초기사용과 구전의도에 관한 연구를 통하여 소비자 행동에 관한 기존의 연구들을 분석함으로써 소비자의 사용과 구전에 대한 이해와 검증을 할 수 있을 것이다. 본 연구에서는 신서비스개발은 사례로, 초기사용과 후기사용은 실증으로 원인을 규명하고자 한다.

2.2 연구대상

본 연구는 앱의 개발사례, 사용의도, 구전의도에 미치는 요인을 파악하여 모바일 지갑과 같은 앱 개발과 운영에 시사점을 제공하고자 한다. 모바일 지갑 앱이 마케팅에 주는 시사점이 무엇인지를 규명하여 유비쿼터스를 기반으로 한 모바일 지갑의 사용과 구전의도에 관한 모형의 개발이 목적이다. 본 연구는 모바일 지갑의 편리성, 경제성과 유비쿼터스의 상황기반제공성이 사용의도에 미치는 요인과 지각된 유용성, 지각된 용이성, 지각된 즐거움과 지각된 보안성이 사용자 만족, 지속적 사용의도, 구전의도에 미치는 요인 파악하고자 한다.

이를 위해 모바일 지갑을 대상으로 한다. 사례연구에서는 하나은행 N Wallet을 대상으로 하였다. 국내 금융권에서 운영하고 있는 모바일 지갑 서비스는 은행권 부분에서는 하나은행의 'N Wallet', 신한은행의 Zoomoney, 기업은행의 모바일 머니 등이 운용되고 있으며, 카드사의 경우 하나 SK 카드 모바일 앱, 신한카드 스마트 Wallet, 삼성카드 m 포켓이 있다. 그러나 이 중 2012년 세계적인 금융지 'The Banker'로부터 아시아 금융기관 최초로 '기술혁신 부분 대상', '개인금융 혁신 대상', '지급 결제 서비스 혁신대상'의 3개 부분을 동시에 수상한 가장 대표적인 금융 기업의 모바일 지갑 사례인 'N Wallet'을 연구 대상으로 선택하였다. 모바일 지갑은 모바일 멤버십카드, 쿠폰, 지급결제 및 소액송금 기능으로 구성되어 있어 사용자들의 편리성과 경제적인 생활에 많은 도움을 주고 있다. 그러나 이러한 상황에도 불구하고 모바일 지갑 시스템의 구현과 같은 기술적 개발과 관련된 연구는 많으나(마건일 · 이형찬 · 이정현, 2011; 송상헌 · 김충길 · 류재철, 1998; 탁승호, 1997), 모바일 지갑의 이용자인 소비자에 관한 연구(이상기 · 김보영, 2015; 이청아 등, 2015)는 적은 실정이다. 실증연구인 모바일 지갑의 사용의도와 구전의도에 관한 연구에서는 금융사와 통신사의 모바일 지갑을 대상으로 설문조사를 진행하여 이를 바탕으로 연구를 진행 하였다.

제3절 연구의 방법과 구성 체계

3.1 연구의 방법

본 연구에서는 사례연구와 실증연구를 병행 하였다. 사례연구는 신서비스개발 사례를 Menor & Roth(2007)이 주장한 혁신적인 서비스개발 주요 요인을 중심으로 성공요인을 살펴보았다. 모바일 지갑 애플리케이션의 성공여부는 사용의도와 구전의도라는 측면에서 이를 검증하고자 하였다. 실증연구에서는 설문조사 방법을 선택하였다.

사용의도에 관한 모바일 지갑의 변수 추출을 위해서 사용자들의 이용댓글을 분석하여 모바일 지갑의 특성을 편리성, 경제성, 상황기반제공성을 추출하였다. 실증연구에서는 SPSS 22.0과 AMOS 22.0을 이용하여 상관분석, 신뢰도 분석, 요인분석, 확인적 요인분석, 공변량구조모형 분석을 실시하였다.

3.2. 연구의 구성 체계

본 연구는 총 6장으로 구성되어 있으며, 각 장별 주요 내용은 다음과 같다.

제 1 장은 서론으로서 연구의 배경과 목적, 연구의 접근방법과 대상, 그리고 연구의 방법과 구성 체계를 제시하였다.

제 2 장은 논문의 이론적 배경으로 구성 되었으며, 신서비스개발이론, 혁신확산이론, 기술수용모델, 후기사용모델, O2O와 모바일 지갑을 고찰 하였다. 제 1 절에서 하나은행의 'N' 월렛 개발 사례에 필요한 신서비스개발 이론을 살펴보았다. 제 2 절에서는 혁신확산이론을 검토하였다. 혁신확산이론에서는 모바일 지갑과 같은 혁신적인 제품이나 아이디어의 특성과 사용자들의 특성을 중심으로 살펴보았다. 아울러 모바일 지갑의 특성인 편리성, 경제성, 상황기반제공성을 중심으로 살펴보았다. 제 3 절에서는 기술수용모델 이론을 검토 하였다. 기술수용모델의 핵심요소인 지각된 용이성, 지각된 유용성을 중심으로 한 기존의 이론들을 검토 하였으며, 이후 확장된 TAM3(지각된 용이성, 지각된 유용성, 지각된 즐거움)과 모바일 지갑의 특성으로 포함된 지각된 보안성도 포함하여 살펴보았다. 제 4 절에서는 후기사용모델을 검토 하였다. 사용(또는 사용)이후에 이루어지는 일련의 과정인 사용자 만족, 지속적 사용의도 및 구전의도를 중심으로 살펴보았다.

제 3 장은 신서비스인 모바일 지갑의 성공적인 개발사례에 관한연구이다. 스마트폰뱅킹 활성화를 위한 모바일 지갑 서비스개발 사례를 하나은행 N Wallet 사례를 중심으로 살펴보았다. 제 1 절에서는 연구의 목적을 살펴보았다. 제 2

절에서는 신서비스개발배경을 중심으로 살펴보았다. 제 3 절에서는 하나은행의 'N Wallet'의 성공요인을 Menor & Roth(2007)의 다섯 가지 성공요인을 중심으로 살펴보았다.

제 4 장은 모바일 지갑의 특성이 사용(또는 사용)에 미치는 영향에 관한 연구이다. 모바일 지갑 시장 확대를 위한 사용요인에 관한 연구를 제품특성을 중심으로 실증연구 하였다. 제 1 절에서는 연구가설을 설정 하였다. 제 2 절에서는 구성개념의 조작적 정의 및 측정을 살펴보았다. 제 3 절에서는 자료의 수집 내용을 정리하였다. 제 4 절에서는 연구가설을 검증 하였다. 제 5 절에서는 연구결과를 요약하고 평가 하였다.

제 5 장에서는 모바일 지갑의 구전요인에 관한 연구이다. 후기사용모델을 중심으로 실증연구 하였다. 제 1 절에서는 연구가설의 설정 하였다. 제 2 절에서는 구성개념의 조작적 정의 및 측정을 살펴보았다. 제 3 절에서는 자료의 수집 내용을 정리하였다. 제 4 절에서는 연구가설을 검증 하였다. 제 5 절에서는 연구결과를 요약하고 평가하였다.

제 6 장에서는 결론 및 시사점으로서 제 1 절에서는 연구결과를 요약하고, 제 2 절에서는 연구의 시사점을 이론적, 전략적, 학술적 관점에서 제시하고, 제 3 절에서는 연구의 한계 및 향후 연구 과제를 제시하였다. 본 연구의 흐름은 다음의 〈표 1〉과 같다.

┃표 1┃ 논문의 구성

구성	제목	연구유형	연구모형
제Ⅰ장	서론		
제Ⅱ장	이론적 배경		
제Ⅲ장	스마트폰뱅킹 활성화를 위한 모바일 지갑 서비스개발: -하나은행 N Wallet 사례를 중심으로 -	사례연구[1]	NSD
제Ⅳ장	모바일 지갑 시장확대를 위한 사용요인에 관한 연구: 제품특성을 중심으로	실증연구[2]	TAM
제Ⅴ장	O2O의 구전의도에 미치는 요인: 사용자 만족과 지속적 사용의도의 매개효과와 성별 조절효과를 중심으로	실증연구[3]	PAM
제Ⅵ장	결론 및 시사점		

1) 이상기, 김보영(2015), "스마트폰뱅킹 활성화를 위한 모바일 지갑 서비스개발: -하나은행 N Wallet 사례를 중심으로 -," KBR, 19(1), 157-182에서 발췌하여 재편집 함.

2) 이상기, 강명수(2015), "모바일 지갑 시장 확대를 위한 사용요인에 관한 연구: 제품특성을 중심으로," 상품학연구, 33(6), 99-114에서 발췌하여 재편집 함.

3) 이상기, 강명수(2016), "O2O의 구전의도에 미치는 요인: 사용자 만족과 지속적 사용의도의 매개효과와 성별 조절효과를 중심으로," 기업경영연구, 23(1), 155-190에서 발췌하여 재편집 함.

II 이론적 배경

제1절 O2O 서비스

1.1 O2O의 정의

모바일이 인간의 확장도구로서 초연결사회의 매개가 되고 삶의 필수품으로 자리를 잡으면서 소비자들의 삶의 중심이 PC에서 모바일로 빠르게 재편되고 있다. 모바일이 스마트폰으로 진화하면서 모바일 환경은 이동성, 편재성, 개인 식별성, 위치 확인성 특성을 바탕으로 인간 삶의 다양한 분야에 영향을 미치고 있다. 스마트폰에서 사용되는 애플리케이션은 모바일 쇼핑의 주체와 환경을 급격한 변화를 주도하고 있다. 스마트폰의 보급 확대로 시공간 제약이 사라지면서 온라인과 오프라인의 경계가 사라지면서 온라인과 오프라인을 구별할 필요가 없이 쇼핑이 확대되면서 온라인과 오프라인을 결합한 O2O 서비스가 점증하고 있다. O2O는 Online to Offline 또는 Offline to Online의 약자로서 오프라인 매장에서 판매되는 제품이나 서비스를 온라인의 소비자와 연결하여 구매를 촉진하거나, 반대로 온라인에서 판매되는 서비스나 제품을 오프라인의 소비자와 연결하여 구매를 촉진하는 방식을 지칭한다. 기존에는 오프라인에서 온라인으로의 연결을 지칭 하였으나(Du & Tang, 2014; 김형택, 2015; 김국현, 2015). 지금은 온라인과 오프라인으로 연결하는 서비스로 확장되면서 O2O는 온라인에서 오프라인으로, 오프라인에서 온라인으로 양방향을 지칭하고 있다. O2O의 확장은 온라인과 오프라인을 유기적으로 연결해 최적의 서비스와 편의를 바탕으로 새로운 서비스와 가치를 창출하고 있다. O2O는 과거 기존의 기업으로부터의 변화가 아니라 소비자들로부터의 강력한 요구로부터 시작되었다고 할 수 있다. O2O는 대부분 소비자들의 편리성에 기반으로 한다. O2O가 활성화와 함께 관련된 용어들이 있다. 온디맨드 서비스(On-Demand)는 수요자들이 원하는 서비스를 원하는 시간에 제공해 주는 서비스를 말한다. 네트워크효과(Network Effect)는 하나의 시장에서 선점된 기술이나 제품들을 소비자들이 의례적으로 사용하는 것으로 말한다. 쇼루밍(Showrooming)은 오프라인에서 제품의 가격 등을 비교해 본 후 실제 구매는 저렴한 온라인에서 하는 것을 말한다. 역쇼루밍(Reverse Showrooming)은 온라인상에서 제품의 가격 등을 비교한 후 실제구매는 오프라인 매장에서 하는 것을 말한다. 옴니채널(Omni channel)은 소비자가 온라인과 오프라인 등 다양한 경로를 활용해 상품을 검색 및 구매할 수 있도록 서비스를 제공하는 것을 말한다.

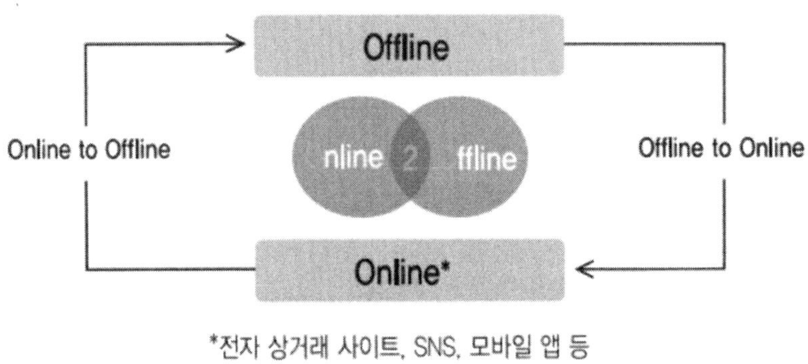

출처 : 정보통신기술진흥센터(2014)

❙그림 1❙ O2O의 구성과 개념

O2O와 옴니채널이 온라인과 오프라인을 연결을 지향한다는 점에서는 유사하다. 그러나 O2O는 기업주도의 온라인과 오프라인의 채널확장인 반면, 옴니채널은 고객중심으로 체계적인 채널의 통합에 중점을 둔다. O2O는 신규 사업 또는 비즈니스 모델 구축인 반면, 옴니채널은 이미 보유중인 채널의 유기적 연결에

초점을 둔 통합 채널전략이다. O2O는 플랫폼 기반 온오프라인의 연결된 서비스의 확장인 반면, 옴니채널은 일관된 고객경험 중심의 커뮤니케이션이다. O2O는 고객의 인식과 결제기술 중심인 반면, 옴니채널은 고객의 인식, 탐색, 구매, 고객관리 등 고객경험과 관리를 위한 기술 활용에 중점을 두고 있다는 점이다.

1.2 O2O의 현황

온라인과 오프라인을 연결하는 O2O는 상품만 아니라 서비스까지 영역을 확장하고 있다. 지금은 음식 배달, 콜택시 등에서 활발하게 진행되고 있는 서비스산업의 O2O는 향후 퀵서비스와 대리운전 같은 운수업과 미용업, 가사 도우미업, 숙박업, 부동산 중개 등 다양한 영역으로 영역 확장이 예상된다.

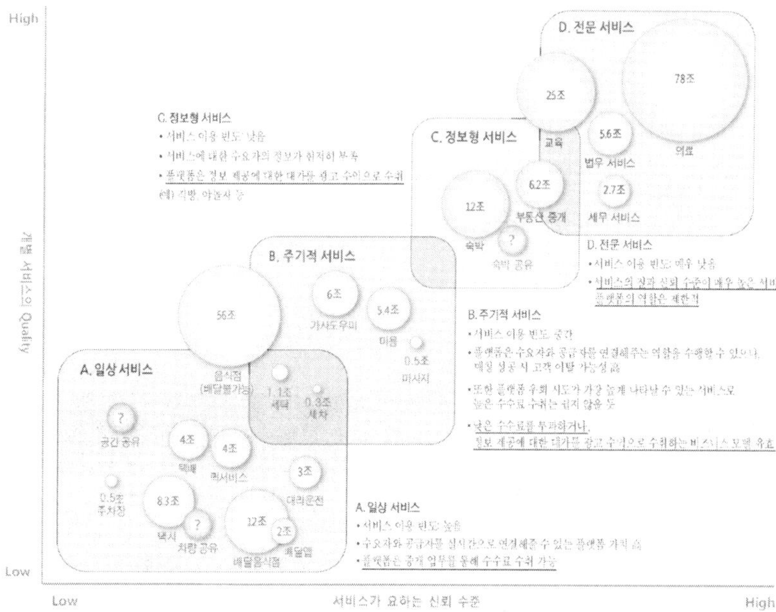

출처: 통계청/KTB투자증권

【그림 2】 O2O의 확산과 진화

일상생활 중에서 가장 사용빈도가 높은 일상 서비스로는 콜택시, 대리운전, 배달, 퀵서비스 등 운수업과 관련 서비스가 포함된다. 일상 서비스는 수요와 공급을 적시에 연결하는 플랫폼의 역할이 중요하고 수익성을 내기도 용이해서 O2O 서비스가 가장 활발하게 등장하고 있는 영역이다.

주기적으로 사용하게 되는 주기적 서비스로는 미용과 마사지 같은 뷰티 서비스와 가사도우미 서비스가 포함될 수 있다. 주기적 서비스는 수수료율이 높을 경우 공급자와 수요자가 플랫폼에서 이탈할 가능성이 높아 수수료율 부과는 불가능하나, 가사도우미, 두발미용 등 상당한 규모로 시장이 형성되어 있어 유의미한 수익 창출이 가능할 것으로 보여 향후에도 지속적으로 확장될 것으로 보인다.

정보형 서비스는 서비스의 이용 빈도가 낮고 서비스에 대한 수요자의 정보가 현저히 낮은 서비스로 숙박, 부동산 중개 등의 서비스를 말한다. O2O플랫폼은 정보를 제공하고 광고 혹은 수수료 수익을 얻을 수 있다. 다만, 이미 상당수의 기존 플랫폼 및 신규 O2O 플랫폼이 양질의 정보를 제공하고 있어 신규 진입자의 기회요인은 크지 않을 것으로 예상된다.

전문 서비스 영역은 의료, 법무 서비스 등 전문적인 서비스를 제공하는 영역이다. O2O사업의 기회는 크지 않을 전망이다. 서비스의 이용 빈도가 낮으며, 서비스의 질과 신뢰에 대한 요구수준이 높아 단순히 중개하는 플랫폼에서 수요와 공급이 매칭이 쉽지 않다.

▌표 2▌ 서비스 특성별 O2O 적합성

	서비스 이용빈도	개별서비스의 Quality차이	요구되는 신뢰수준	기존 플랫폼형태	O2O의 적합성	O2O의 수익모델
일상 서비스	높음	낮음	낮음	파편화	매우 적합	수수료
주기적 서비스	중간	중간	중간	파편화	적합	수수료/광고
정보형 서비스	낮음	중간	높음	파편화	적합	수수료/광고
전문 서비스	매우 낮음	높음	매우 높음	없음	부적합	–

기존산업 중에서 영업이익이 크고 산업의 평균 영업이익률도 높은 시장인 대리운전, 퀵서비스, 가사도우미, 미용, 부동산중개 등의 시장으로 O2O의 진출이 지속될 것으로 보인다.

1.3 O2O의 선행연구

O2O는 아직 도입 초기 단계로 급격한 사용과 확장에도 불구하고 선행연구가 부족한 실정이다. 국내외 O2O관련 주요 선행연구는 〈표 2〉과 같다.

| 표 3 | O2O 선행연구

연구자	제목	변수
Shuo Zhang, Jong ho Lee (2013)	A Study on the Effect of Characteristics of O2O on Behavioral Intention and Preference	즉시성, 편리성, 전환, 오락성
Zeng Jun Sun, Jong ho Lee (2014)	A Study on the Effects of Characteristics of O2O on Attractiveness, Trust and Users' Intention	사용용이성, 상호작용, 가격, 오락성, 안전성, 경험, 매력도, 신뢰, 사용의도
Xiufu Tian, Jong ho Lee (2015)	An Introduction on Hotel O2O Application	O2O 속성(Discount, Interactivity, Convenience, Security, Product Diversity), Satisfaction, Reliability, Intention of continuous use
Ming hui Kang, Yiwen Gao, Tao Wang, Meng Wang (2015)	The Role of Switching Costs in O2O Platforms : Antecedents and Consequences	Inertia, perceived ease of use, Special treatment benefits, Customization, Quality of offering
장평, 문희철 (2015)	중국 O2O 커머스 특성과 소비자 특성이 신뢰, 욕구 및 이용의도에 미치는 영향	Online특성(이동성, 안정성), Offline특성(제공업체명성, 서비스품질), O2O 신뢰, 소비자특성(태

연구자	제목	변수
		도, 주관적 규범, 지각된 행동통제), 이용욕구, 이용의도
지영수, 강문영, 한경석 (2015)	O2O 커머스에 대한 소비자들의 이용 중단 의도에 관한 실증적 연구	소비자의 부정적 인식(프라이버시 염력, 정보의 불확실성, 성가심, 부정적 사회영향), 지각된 위험, 사용자 저항, 이용중단 의도
문윤지, 최훈, 장유리, 이수민 (2015)	O2O(Online-to-offline) 이용자의 쇼핑 가치를 고려한 웹사이트 디자인	시스템품질(웹사이트 디자인, 상호작용), 정보품질(정보성, 보안성), 서비스품질(반응성, 신뢰, 공감), 실용적 쇼핑가치, 유흥적 쇼핑가치, 참여적 소핑 가치, 고객만족도, 고객충성도
이상기, 강명수 (2016)	O2O의 구전의도에 미치는 요인: 사용자 만족과 지속적 사용의도의 매개효과와 성별 조절효과를 중심으로	지각된 유용성, 지각된 용이성, 지각된 즐거움, 지각된 보안성, 사용자 만족, 지속적 사용의도, 구전의도
항임, 최수정, 고일상 (2016)	모바일 메신저 기반 O2O 서비스의 재이용의도에 관한 연구	정보품질(정보정확성, 이해가능성), 시스템품질(즉시연결성, 개인화), 서비스품질(신뢰성, 확신성), 사회적 영향(이미지, 주관적 규범), 유용성, 이용용이성, 재이용의도
김종기, 성정희 (2016)	O2O서비스 품질에 따른 고객만족이 이용자 재이용의도에 명향을 미치는 요인 연구: Kano 모형을 중심으로	SERVQUAL(유형성, 신뢰성, 반응성, 확신성, 공감성), KANO(매력적 품질, 일원적 품질, 당연적 품질, 무관심 품질), 고객만족, 재이용의도
야오즈옌, 김은미, 홍태호 (2016)	중국의 O2O 커머스 사용의도에 미치는 영향 요인에 관한 연구: 문화가치의 조절효과를 중심으로	지각된 유용성, 지각된 용이성, 지각된 즐거움, 신뢰, 사용의도, 조절변수(성별, 불확실성 회피, 권력거리, 개인주의)
Yong shou Chi, Moon young Kang, Kyeong seok Han, Jeong il Choi (2016)	A study on the discontinuance on O2O commerce: With a focus on the mediating effects of perceived risk and user resistance	Privacy Concern, Information Uncertainty, Annoyance, Negative Social Impact, Perceived Risk, User Resistance, Discontinuance Intention

위의 주요 O2O에 대한 선행연구들은 O2O 서비스가 활성화 되어 있는 중국을 중심으로 한 연구가 주를 이루고 있다. 연구의 내용을 살펴보면, 주로 전자상거래의 연장선에서 사용의도, 지속사용 같은 연구들이 주를 이루고 있다. 국내 O2O의 활성화를 위해서는 많은 실무와 학술적인 연구들이 필요하다고 하겠다.

제2절 모바일 지갑

2.1 모바일 지갑 정의

다양한 스마트폰 기반 금융 서비스들 중에서도 모바일 지갑은 현금, 신용카드 등 지급수단뿐만 아니라 신분증, 보안카드 등 실물 지갑에 보관되는 다양한 도구들을 하나의 모바일 기기에 구현한 것으로 독립적인 지급결제 서비스라기보다 모바일카드, 모바일 전자화폐 등 기존의 모바일 지급수단과 쿠폰, 멤버십 포인트 등의 부가서비스를 통합하여 제공하는 서비스라고 할 수 있다.

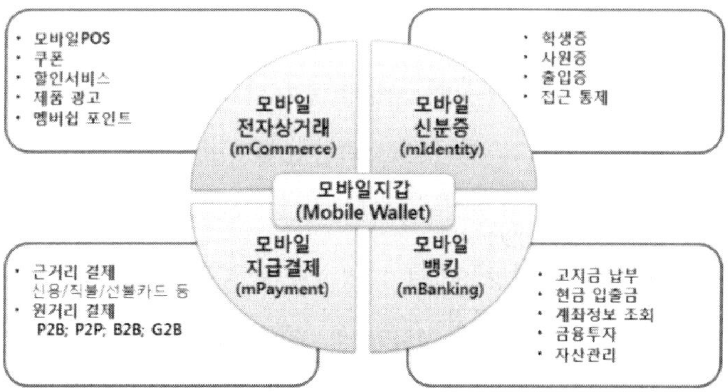

자료: Mobey Forum(2011b)

┃그림 3┃ 모바일 지갑 서비스

제3세대 이동통신 환경에서 보편화된 USIM(Universal Subscriber Identity Module) 칩의 멀티 기능으로 통합 서비스 특징을 가지는 모바일 지갑 서비스가 구현 가능하게 되었으며, 이후 스마트폰의 보급으로 현재 본격적으로 시장이 확대되어 추진되고 있는 중요한 서비스 사업 중의 하나로 급부상하고 있다(이동규, 2013), 고정형 PC 뿐 아니라 이동형 IT 기기의 인터넷 접속이 가능하게 되면서 과거 PC 환경 기반의 모바일 지갑이 휴대폰 환경으로 전환되었고, 이후 지속적인 사용자 경험과 융합 서비스를 제공할 수 있는 금융거래 플랫폼으로 전략화되고 있다(김소이, 2012),

모바일 지갑(Mobile Wallet)이란 '디지털화된 가치(귀중한 자산)를 안전하게 활용할 수 있도록 모바일 기기 상에 구현한 일종의 기능' 이라고 정의되고 있다. 그 동안의 모바일 지갑은 일반적으로 오프라인 지불 영역과 관련하여 모바일 기기 상의 물리적 공간(USIM 칩, micro SD카드, 스티커, 내장형 등)에 신용·직불 카드 및 각종 멤버십·마일리지·쿠폰 등을 저장하여 오프라인 가맹점에서 비접촉 등으로 간단하게 결제할 수 있는 서비스를 지칭했다. 그러나 스마트폰 무선 네트워크의 개방성 및 접근성 확대에 따른 채널 간 융합이라는 고유의 기술적 특징을 활용하여 고객별 맞춤형 정보를 실시간으로 전송(Push) 하거나 NFC의 양방향 통신 기능을 활용해 단순 결제기능 이외의 부가가치형(Value-added) 서비스를 결합되는 등 다양한 형태의 지능형 모바일 지갑이 개발되고 있다(김소이, 2012), 모바일 지갑의 정의는 하나의 독립적인 지급결제서비스라기 보다는 기존의 지급결제서비스와 그 외 부가적인 기능(멤버십, 쿠폰, 상품권, 기프트콘 등)을 필요에 따라 조합하여 제공하기 때문에 개별 서비스와 특징에 따라 그 기능이 상이할 수 밖에 없어 다양하다. Amoroso & Magnier-Watanabe (2012)는 "현금과 지폐형태가 아닌 전자적 채널을 통해 결제하는 모바일 도구, "근거리 무선통신시스템(NFC)을 통해 지불결제를 할 수 있는 전자지갑(Electronic Wallet)(이청아 등, 2015)" 또는 "모바일 서비스에 이용하는 개인 ID, 지불정보, 개인정보들을 안전하게 통합관리가 가능하여 효과적으로 사용될 수 있도록 하는 플랫폼(마건일 등,

2011)" 등으로 정의하고 있다. 그러나 금융서비스 글로벌 산업협회인 Mobey Forum은 "디지털화된 가치를 안전하게 활용 할 수 있도록 모바일 기기 상에 구현된 일종의 기능(Functionality on a mobile device that can securely interact with digitized valuables)"이라 정의(Fourm, 2011)하고, 기능을 모바일 전자상거래, 모바일 신분증, 모바일 지갑결제, 모바일뱅킹 4가지로 분류 하였다.

2.2 모바일 지갑 현황

모바일 지갑 서비스의 근거리 결제기능은 NFC 등 근거리 통신기술을 바탕으로 가맹점 단말기와 모바일 기기 간 비접촉식으로 결제하거나, 결제용 QR(Quick Response) 코드 이미지를 제시하고 동 코드를 스캐닝 하여 결제하는 방법으로 구현되고 있다. 그러나 결제방식 또한 모바일 카드(신용 · 직불), 휴대폰 요금에 후불합산, 서버형 지급 결제서비스, 선불 충전계정 등 다양한 서비스를 가지는데, 이러한 특성 때문에 개별 서비스에 따라 그 기능 및 특징이 상이하게 나타난다. 더욱이 스마트폰의 경우 항상 무선 네트워크에 접속되어 있고 고객의 신상정보나 위치정보 등을 쉽게 활용할 수 있기 때문에 이러한 특성에 따라 구현되는 모바일 지갑 유형이나 서비스가 다양하게 진화되고 있다(이동규, 2013),

| 표 4 | 국내외 모바일 지갑 서비스 현황

구분		제공사/서비스	주요기능	사업전략 및 특징
해외	인터넷 검색사	Google Wallet	NFC 기반의 모바일 결제 시스템	-구글의 스프린트 넥스텔과 합작 조인트 벤처 -오픈방식 (카드사와 관계없이 결제가능) -Google Offers (소셜 커머스)와 연계, 상품 추진 및 할인제공 -2013. 5월 이메일 기반 송금 기능 추가 출시
	제조사	Apple i-Wallet	은행계좌 관리, 아이폰으로 물건을	-기본적인 은행 서비스 가능 -멤버십 카드 및 쿠폰을 손쉽게 발급/관리

구분		제공사/서비스	주요기능	사업전략 및 특징
			사고 직접 결제할 수 있는 기능	-아이폰 6(14.9월)에 전자지갑 '애플페이' 추가 -미국 카드사(마스터, 비자, 아메리칸익스프레스)와 은행(체이스, 뱅크오브아메리카, 웰스파고) 등 -맥도널드, 나이키, 스타벅스 등 22만개 제휴점 확보
	이동통신사	ISIS Wallet (미, 이통사 연합)	매장 손님을 대상으로 '체크인' 기능 제공	-버라이즌, AT&T, T모바일 등 미국 이동통신사 3곳이 합작해 발족한 조인트 벤처 -오픈방식 (카드사에 관계없이 결제 가능)
	은행	BPCE Wallet (프랑스)	트위터 기반의 P2P송금서비스 개시	-BPCE 계좌와 트위터 계정을 모두 가지고 있는 고객은 은행의 S-Money라는 모바일 지갑을 통해 계좌번호 없이 송금 가능
		HSBC Wallet (홍콩)	NFC 기반 모바일 결제서비스 제공	-홍콩 4대 이통사와 연합, 모바일 지갑서비스 제공 -SIM Card에 신용카드 정보 저장, 제휴 은행에서 발급한 다수의 카드를 탑재 가능
	신협	CUA Wallet (호주, 신협)	NFC 기반 모바일 결제서비스	-호주의 최대 신협, 2014. 7월 서비스 개시 비자카드의 비접촉식 거래인 payWave 사용
	카드사	Visa Checkout	오프라인의 카드 결제를 온라인으로 이전	-북미, 유럽, 호주 등에서 사용하고 있는 V.me 서비스 리뉴얼 2014. 7월 출시 -사용자 이름, 패스워드, 소지카드 정보, 배송지 정보를 등록하여 미국, 캐나다, 호주의 온라인 쇼핑몰에서 사용 가능
국내	이동통신사	SK플래닛 스마트웰렛 (Syrup)	맴버쉽 카드 관리, 쿠폰/기프트콘/신용카드/상품권 등 지불결제 가능	-11번가, OCB, SPC 해피포인트 등 400개 브랜드와 제휴 -고객의 신용/체크카드 결제내역 확인하여 수입 및 지출 관리할 수 있는 가계부 기능 제공 -모바일 간편 결제 서비스 PayPin 운영
		KT 올레 마이월렛	신용카드 및 교통카드, 맴버쉽카드 사용 가능	-사용자 위치를 기반으로 할인 혜택을 받을 수 있는 신용카드 추천 및 주변 가맹점 할인정보 제공

구분		제공사/서비스	주요기능	사업전략 및 특징
	제조사	삼성그룹 삼성웰렛	삼성의 독자적인 모바일결제 인프라 구축	-동남아시아지역 진출로 전 세계 거점을 확보 -국내 이마트 등 캡티브 마켓 적극 활용 예정 -삼성 스마트폰 음원서비스 '밀크'와 연계서비스 -모바일 송금서비스 및 모바일 간편결제 가능
	IT기업	다음카카오 뱅크월렛카카오	-전금융기관의자동화기기금융서비스 이용 및 온오프라인 모바일결제	-전국 7만 5천여 개의 금융기관 자동화기기(CD/ATM)에서 현금인출, 계좌이체 등 금융서비스 이용 가능 -할인점, 체인점, 편의점 등 오프라인 가맹점과 모바일 쇼핑몰 등 온라인 가맹점에서 모바일 결제 가능

국내 · 외 모바일 지갑 서비스 적용사례를 살펴보면 우선 국외에서는 Google, ISIS, Apple에서 모바일 지갑을 제공하고 있다. Google 및 ISIS의 모바일 지갑 서비스는 NFC 기술을 바탕으로 비접촉식 신용카드 결제기능을 제공하는데, 고객은 NFC 통신을 지원하는 단말기에 전용 앱을 다운로드하고 모바일카드를 등록하여 서비스를 이용한다. 이러한 유형의 서비스는 기존 비접촉식 카드 결제와 마찬가지 방식으로 이용 가능하여 이용자의 결제가 편리하고 직관성이 우수하다. 또한 결제 시 앱 상에서 가맹점의 할인 쿠폰, 포인트 적립 등을 선택하여 해당 기능을 동시에 이용할 수 있다. 국내에서는 SK 플래닛, KT 등 비은행 기관을 비롯하여 하나은행, 신한은행 등 금융기관, 금융결제원 등이 다양한 형태의 모바일 지갑 서비스를 제공하고 있다. 국내 모바일 지갑 서비스는 근거리 및 원거리 결제를 모두 지원하나 서비스 제공 방식이나 전략은 상이하다. SK 플래닛, KT가 제공하는 서비스는 고객이 모바일용으로 발급받은 각종 신용카드나 멤버십 카드 등을 통합적으로 등록하여 사용하도록 지원한다. 특히 적극적인 제휴를 통해 등록 가능한 지급수단, 멤버십 카드, 쿠폰 종류를 다양화하고, 모바일과 결제 단말기 간 정보 송 · 수신시 NFC와 바코드를 복합적으로 사용토록 하여 거래 단말 제약을 최소화함으로써 이용기반을 극대화하는 전략을 펼치고 있다. 반

면 금융기관이 모바일 지갑 서비스를 제공하는 방식은 모바일 지갑 유형에 따라 완전 협력형, 부분협력형, 독립형으로 구분된다. 완전 협력형의 경우 다른 사업자의 통합형 모바일 지갑 결제기능을 제공하는 형태로 이루어지며, 부분 협력형의 경우 통합형 모바일 지갑에 결제기능을 제공하는 동시에 금융기관 자체 브랜드의 모바일 지갑을 운영한다. 독립형은 금융기관 자체 브랜드의 모바일 지갑으로 독립적으로 운영하는 형태이다(최대선, 2011). 국내 금융권의 모바일 지갑 서비스의 경우 하나은행의 'N Wallet'과 신한은행의 'Zoomoney', 금융결제원이 제공하는 'Bank Wallet'은 모두 부분 협력형으로 전용 선불 계정(각각 캐시닛, Zoomoney)을 이용해 근거리 및 원거리 결제서비스를 지원하는 형태이다. 고객은 서비스 등록 시 생성되는 별도 선불계정을 충전하고, 동 계정의 잔액만큼 대금을 결제하거나 송금할 수 있다. 이러한 유형의 서비스는 모바일 신용카드를 등록하는 방식에 비해 거래 가맹점이 제한적이나, 개인 간 송금이 편리하다는 특성을 가진다(최대선, 2011).

2.3 모바일 지갑 활용

국내에서는 2010년 6월 ㈜SK텔레콤이 스마트 월렛(Smart Wallet)이라는 모바일 지갑 서비스를 처음으로 시작한 이후 금융사, 통신사, 제조사, 유통업체 등이 서비스를 제공하고 있으며, 통신사 가입자와 제휴 업체수가 가장 많다. 지급결제 방법으로는 QR코드, NFC, 바코드 등을 지원하고 있으며, 각종 멤버십과 쿠폰, 티켓 제공 서비스를 제공한다. 모바일 지갑은 앱 방식이라 통신사에 관계없이 앱을 다운받아 설치만으로 사용이 가능하며 통신사별 서비스 가입에 제한을 두지 않아 설치에 제약이 없어 편리하다.

SK텔레콤의 모바일 지갑은(Syrup)은 멤버십, 쿠폰, 등을 보관, 사용, 조회할 수 있으며, 400개가 넘은 제휴사가 연계되어 사용처가 많다. 위치정보를 이용한 비콘(Beacon)기능을 활용해 맞춤 쿠폰을 발급하기도 하고 근처의 쿠폰 사용이 가능한 가맹점을 추천해 주기도 한다. 모바일 지갑은 멤버십을 통한 할인과 적립이 동시에 이루어져 편리성과 시간이 절약되며 포인트를 편리하게 적립하고 사용할 수 있도록 해준다. 다양한 멤버십 쿠폰과 선물 받은 기프티콘·상품권을 관리할 수도 있다. 아울러 인기 기프티콘을 추천하는 등 스마트한 라이프스타일이 가능케 한다.

금융사가 제공하는 모바일 지갑은 통신사보다 가입자와 제휴업체가 적지만, 금융사의 은행/신용카드를 연동한 결제기능을 장점으로 꼽을 수 있다. 금융사의 모바일 지갑은 결제 시 충전된 범위 내에서 사용할 수 있는 선불충전방식이다. 금융사의 모바일 지갑의 선두주자인 KEB하나은행의 N웰렛은 KEB하나은행 이용자가 아니어도 사용할 수 있으며, 전화번호를 기반으로 회원고유의 계정이 만들어지고 계좌번호로 충전이 가능하며 충전한 금액으로 다양하게 활용할 수 있다. 즉 P2P 소액송금과 바코드 결제가 주요 기능이다. P2P 소액송금은 회원간 전화번호를 기반으로 소액을 송금할 수 있는 기능이며 공인인증서 없이 최초 가입시 등록한 PIN번호만으로 '보내요'을 이용해서 송금을 할 수 있고, '주세요'는 상대방에게 송금을 요청할 수 있어 복잡한 송금절차나 인증절차 없이도 송금이 가능하며, 송금 전후에 당사자 간 커뮤니케이션이 가능한 쌍방향 커뮤니케이션이 가능한 모바일 지갑이다. 더치페이, 용돈주기, 복불복 등의 기능도 있어 사용자의 즐거움을 더할 수 있다. 바코드 결제는 충전한 금액으로 가맹점에서 결제할 수 있는 기능으로 기존의 플라스틱매체가 아닌 일회용 비밀번호(One Time Password) 형태로 발행하는 바코드를 스캔하여 결제한다. 전국 5대 편의점과 다양한 가맹점에서 간편하게 결제할 수 있다. 모바일 지갑은 앱으로서 미디어 스토어나 T-Store와 같은 오픈 마켓에서 다운받아 간단하게 설치하고 사용할 수 있게 되면서 사용자가 급증하고 있다. 그러나 프로그램을 내려 받아 설치해 사용해 본 후 기대에 미치지 못하거나 불편한 앱은 삭제하거나 재사용에 많은 시간이 걸리는 것으로 알려져 있다. 모바일 지갑에 대한 사용이 일반화가 되었음에도 불구하고 이에 대한 연구는 부족한 실정이다.

최근의 모바일 앱은 대부분 위치에 기반으로 추천시스템을 가지고 고객에게 적합한 상품추천을 기본으로 제공하고 있다(박윤주, 2012), 본 연구에서도 모바일 지갑을 "모바일 신용카드, 모바일 전자화폐 등 기존의 모바일 지급수단과 멤버십 카드, 모바일 쿠폰·기프트콘·상품권 등의 부가서비스를 조합하여 제공하는 모바일 앱"이라고 정의하였다. 마크로밀엠브레인(2013)에 따르면 전국의 성인 남녀 1,000명을 대상으로 '2013년 모바일 지갑 이용 관련 조사' 에서 전체 81%가 '모바일 지갑'을 인지하고 있을 정도로 높은 인지도가 있는 것으로 밝혀졌으며, 사용이유로는 카드를 다 챙기고 다니지 않아도 된다(67.4%), 포인트 적립이 편리하다(52.6%), 지갑이 가벼워진다(43.5%) 순이었다. 반면, 사용을 꺼리는 이유로는 사용이 왠지 번거로울 거 같다(31.2%) 해킹 등의 보안위험에 대한 우려(30.5%) 순으로 나타났다.

통신사의 모바일 지갑은 사용자의 위치를 기반으로 다양한 온·오프라인 연결(O2O) 서비스를 제공하고 있는 게 특징이며, 금융사의 모바일 지갑은 주로 생활관련 소액결제 같은 지급결제와 소액송금의 강점을 가지고 서비스하고 있다. 모바일 지갑은 앱 형태로 서비스가 제공되기 때문에 스마트폰 사용자는 누구나 미디어 스토어와 같은 곳에서 쉽게 다운로드 받아 간단한 설치와 본인 인증만으로 사용이 가능하다. 또한, 통신사별 제한 없이 여러 개를 사용할 수 도 있다. 사용자들은 모바일 지갑을 통해 다양한 멤버십 카드를 등록 및 관리 할 수 있으며, 실시간으로 가격할인 혜택을 받을 수 있다.

모바일 지갑과 같은 앱은 고객 동의 시 사용자의 상황정보를 바탕으로 다양한 정보가 생산되고 있으며, 개인화 및 최적화 등에 활용될 수 있다(민성현·이상준, 2013), 특히, 사용자의 현 상황을 중심으로 일정 거리내의 최적의 장소를 추천하는 알림 서비스를 제공하고 있다. 그러나 유비쿼터스 환경에서 상황정보의 양이 과다하게 증가하면서 추천서비스에 대한 사생활 문제가 대두되면서, 사용자들에 대한 피로감 누적되고 있어 범용적인 추천모델이 대두 되었다(김재경 등, 2009), 스마트폰 앱은 주 사용자인 20 ~ 30대에게는 매력적이다. 또한, 서비스 제공사는 새로운 매출창출의 채널이 될 수 있으며, 위치기반 정보를 제공에 따른 추가적인 매출 수단이 될 수 있다. 모바일 앱은 대부분 위치기반 추천시스템을 가지고 고객에게 적합한 상품추천을 기본으로 제공하고 있다(박윤주, 2012), 모바일 지갑이 지급결제수단과 연계되면서 소비자들의 쇼핑과 일상의 삶 속에 깊숙이 연관될 것으로 보이기 때문에 그 중요성이 날로 커지고 있다.

2.4 모바일 지갑 선행연구

모바일 지갑 출시 후 6년 가까운 시간이 지나고, 사용자들이 많음에도 불구하고 이와 관련한 선행연구는 미미한 실정이다. 최대선(2011)은 서비스 이용시 ID, 지불정보, 개인정보들을 안전하게 통합하여 관리하고 효과적으로 사용될 수 있도록 하는 플랫폼이 모바일 지갑이라고 하였으며, Amoroso & Magnier Watanabe(2012)는 가상에 존재하는 모바일 앱으로 멤버십/로열티 카드 및 다양한 쿠폰을 통합하여 관리할 수 있는 서비스를 모바일 지갑이라고 하였다. 초기에는 전자지갑 또는 모바일 지갑이라는 주제로 선행연구들이 있으나, 이 또한 기기의 구성, 보안을 고려한 설계 위주의 연구들이 대부분이다.

초기 선행연구로는 최대선(2011)등이 있다. 이후 소비자의 관점에서 접근한 연구로는(Amoroso & Magnier-Watanabe, 2012), (이청아 등, 2015), (이상기 · 김보영, 2015)가 있다. Amoroso & Magnier Watanabe(2012)는 모바일 지갑 앱 사용자의 초기 채택의도에 관한 사례연구를 진행하였다. 또한 모바일 지갑의 주요한 특성 중의 하나인 모바일 쿠폰 서비스에 대한 연구(이상호, 2012; 정성민 등, 2011)가 있었다. 이청아 등(2015)은 모바일 지갑 사용자의 지속적인 사용의도에 영향을 주는 요인을 이익과 비용측면으로 나누어 검증한 결과, 이익측면에서는 유용성, 가치표현, 인지된 보안과 즐거움이 지각된 가치에 유의한 영향을 미치며, 비용측면에서는 기술의 복잡성이 지각된 가치에 유의한 영향을 미침을 검증 하였다. 이상기 · 김보영(2015)은 스마트폰 뱅킹 활성화를 위한 모바일 지갑 서비스개발 사례를 통하여 모바일 지갑 앱 개발 시 Menor & Roth(2007)의 '개발 프로세스', '서비스 전략', '시장 지향성', '개발 문화', '정보 기술'의 다섯 가지 신서비스 성공요인을 기반으로 분석하여 활성화의 성공 전략을 제시하기도 하였다.

2.5 모바일 지갑의 제품특성

2.5.1 편리성

편리성(Convenience)이란 "정보시스템 인터페이스에 대한 사용자의 평가로서 입력과 출력이 용이성, 검색 및 분석 과정의 용이성과 사용에 편리성 등으로 사람이 기술을 이용할 때 노력을 들이지 않은 정도이다"라고 정의될 수 있다(김종기 등, 2012), 유비쿼터스 기술은 언제나, 어디서나 사용할 수 있다는 것이 가장 큰 장점이며, 유비쿼터스의 대표적인 사례가 바로 스마트폰이다(Henfridsson & Lindgren, 2005), Henfridsson & Lindgren(2005)은 유비쿼터스 컴퓨팅에서 환경은 공간성, 환경성, 시간성이라는 세 가지 차원이 복잡하게 결합되어 있으며, 사용자의 편리성이 유익한 특성이라고 하였다. 편리성은 시간적 편리성과 공간적 편리성으로 구분하며 연결성과 이동성으로 구분하기도(차윤숙 · 정문상, 2005) 하며, 접속성과 이동성을 결합하여 편리성(박철, 2006)으로 정의하기도 한다.

스마트폰은 유비쿼터스를 가능하게는 특징을 가진다. 이러한 유비쿼터스 기술이 가지는 특징을 가지고 있어 언제 어디서나 사용할 수 있다는 것이 가장 큰 장점이다. 이용이 편리할 때 이용자들의 사용되는 비율이 높다고 제시되고 있으며(Davis et al., 1989) 제품이 편리성을 갖기 위해서는 복잡성(Complexity)이 낮아야 하고(Alba & Hutchinson, 1987), 제품 사용방법을 쉽게 취득 할수록

제품 사용속도가 빠르다는 사실을 밝혔다(Rogers, 1995),

무선단말기의 속성인 편리성은 데이터 저장용량 증가, 단말기 화면 크기 개선, 배터리 사용시간 증가 등으로 앱을 통한 모바일 서비스 환경이 더욱 개선되고 있다. 언제 어디서든 원하는 서비스를 제공 받을 수 있게 되면서 유선 인터넷이 연결된 온라인상의 사용이 즉, 탐색, 구매, 결제, 이용후기 및 구전행위 등이 가능케 되었다. 김종기 등(2012)은 스마트폰의 특성인 편리성, 편재성, 플랫폼, 경제성, 콘텐츠 그리고 디자인 속성이 지속적인 구매에 긍정적인 영향을 미친다고 하였다. Nielsen(1993)도 편리성을 사회적인 사용 가능성과 신뢰성, 비용, 호환성, 가용성 등의 실용적인 측면을 포함한 시스템의 전반적인 사용가능성의 측면에서 설명하고 다섯 가지 구성요소를 제시하였다. 첫째, 학습용이성이다. 이는 서비스 사용방법과 조작법을 얼마나 쉽게 배울 수 있는가 의미한다. 둘째, 사용 효율성이다. 제품이나 서비스를 본래의 목적에 맞게 얼마나 효율적으로 이용이 가능한지의 여부이다. 셋째, 기억용이성이다. 이는 제품이나 서비스의 이용방법을 익힌 후에 그 이용방법을 쉽게 기억 할 수 있는지의 여부이다. 넷째, 작업오류 최소화이다. 제품이나 서비스 사용시 발생할 수 있는 오류를 얼마나 쉽게 회복할 수 있느냐이다. 다섯째, 사용상 즐거움이다. 제품이나 서비스 이용시 만족할 수 있는 즐거움을 제공할 수 있어야 한다는 것이다. Preece et al.,(1994)은 사용자 경험의 맥락에서 편리성을 강조하면서 유익하고 재미있으면 심미적으로 유쾌하고 만족스러움을 느낀다고 하였다. Nielsen(2003)은 모바일 서비스의 편리성에 대하여 '최신 모바일 기기들이 점차 실용화되고 있지만, 여전히 사용자 편리성은 부족하다'고 주장 하였다. 이는 높은 기술을 가지고 다양한 기능을 수행하는 모바일 기기들이 고도화 되고 복잡해진다고 보고하였다.

스마트폰은 편리한 인터페이스를 바탕으로 앱 스토어에서 쉽고 빠르게 프로그램을 다운로드 받고 설치할 수 있다는 장점을 가지고 있으며, 센서 기술과 쉬운 인터페이스 디자인으로 연령에 구분 없이 쉽게 조작할 수 있는 조작의 편리성을 갖고 있다. 전기흥 등(2015)도 모바일뱅킹 메커니즘의 재이용 요인으로 시스템의 안정성, 편리성, 디자인 품질, 사회적 영향을 미친다는 것을 검증 하였다. 컨버전스 제품과 휴대전화 제품은 특히, 편리성이 중요한 특징이라고 주장 하였다(강병영 · 황태균, 2009), 모바일 지갑의 가장 큰 장점은 편리성이다. 뚱뚱하고 무거운 실물지갑에는 다양한 종류의 멤버십카드, 종이쿠폰, 지폐, 동전 등을 소지가 필수적이었다. 그러나 모바일 지갑으로 인하여 실물의 쿠폰, 신용카드, 지폐, 동전 등을 소지할 필요가 없어지면서 지갑이 가벼워지고 얇아지면서 편리하게 되었다.

본 연구에서는 사용 후기 분석에서도 전체 사용 후기 616개 중 편리성과 관련된 후기는 57.6%로 편리성이 사용에 가장 중요한 요인임을 밝혀졌다. 따라서 본 연구에서도 편리성이 모바일 지갑의 사용에 긍정적인 영향을 미칠 것으로 보고 검증 하고자 한다.

2.5.2 경제성

경제성(Economy)이란 “제품과 서비스에 대한 소비의 대가로 지불하는 돈, 시간, 노력 등의 비용이다(Zeithaml, 1988)”라고 하였다. 오환종 · 윤영선 · 이국용(2006)은 경제성을 혜택의 일부라고 정의 하고 온라인 쇼핑 사용의 주요한 요인임을 밝혔다. Dodds & Monroe(1991)도 소비자들이 지각하는 경제성이나 비용적인 측면이 지각된 가치에 영향을 미치는 선행변수임을 증명 하였다. Cronin, Brady, & Hult(2000)는 금전적인 비용뿐만 아니라 시간과 노력 등과 같은 정신적 비용도 지각된 가치에 영향을 미친다는 것을 증명 하였다. Jayawardhena & Foley(2000)는 인터넷뱅킹에서 경제성과 이용에 따른 비용이 사용에 영향을 미치는 요소임을 검증하였다.

모바일뱅킹에서는 서비스에 필요한 부가적인 비용으로 인해 높은 요금이 필요해 경제성의 확보가 지속적인 이용에 경제성이 중요한 요인임을 밝혔다(Mathieson et al., 2001), 김진백(2011)은 기존의 모바일뱅킹과 달리 스마트폰뱅킹은 이용에 따른 요금을 추가로 지불할 필요가 없어 거래비용이 감소함에 따라 사용의 확산요인이 되었다고 하면서 경제성이 사용에 주요한 요인임을 강조하였다. 김상현 · 박현선(2011)은 스마트폰 앱을 이용하는 것이 다른 매체나 단말기를 사용하는 것보다 경제적으로 가치가 있다고 지각하는 정도로서 비용뿐만 아니라 시간, 노력 등과 같은 정신적 측면도 포함된다고 하였다. Downs(1961)는 마케팅관점에서 비용을 금전적 비용과 시간, 탐색, 노력, 같은 심리적 비용으로 구분하고 심리적 비용이 소비자들에게 매우 중요한 요인임을 주장 하였다. 모바일 지갑의 경제성은 돈과 같은 금전적인 요소뿐만 아니라 시간, 노력과 같은 정신적인 측면에서 이득 또는 혜택으로 정의하였다. 쿠폰의 할인율에 대한 연구들도(Bawa & Shoemaker, 1987; Narasimhan, 1984; Reibstein & Traver, 1982) 많이 있었다.

2.5.3 상황기반 제공성

상황기반제공성(Contextual offering)이란 "사용자 개개인이 처한 위치, 시간과 같은 모든 상황을 종합적으로 고려하여 이용자들에게 가장 최적의 정보와 서비스를 제공해 주는 정도" 를 의미한다(이태민, 2004). 상황기반제공성은 모바일 특성 중 개인화(personalization)와 위치 확인성(localization)의 결합(Durlacher, 2001), 위치 확인성과 개인 식별성의 결합(Kannan, Chang, & Whinston, 2001), 지역성(Localization)과 개인성(Personalization) 결합이라고 하였다. 상황기반제공성은 유비쿼터스 컴퓨팅에서 제공되는 서비스의 기본적인 특성이며, 상호작용성(Contextual Interaction)(Kenny & Marshall, 2000), 상황적반응성(Contextual Sensitivity)(Mort & Drennan, 2002), 상황적 의존성(Situation Dependency)이라고 하였다. 유비쿼터스 컴퓨팅 환경에서는 생활주변 곳곳에 센싱과 트래킹을 통해 시간과 장소에 따라서 변화하는 상황을 인식(Context Aware)하여 개인에게 특화된 서비스를 제공함으로써 상황기반제공성이 실현될 수 있다. 스마트폰 기술의 발달로 유비쿼터스가 실현되면서 고객동의가 있으면 개인정보 및 위치정보를 파악할 수 있으며, 이를 통해 고객별 맞춤서비스가 가능하다(이태민, 2014; 황윤용 · 이국용, 2013), 모바일 지갑은 LBS(Location Based Service)기반으로 위치정보를 파악하여 주변의 맛집 정보 제공, 쿠폰 추천 서비스 등을 통하여 개인별 서비스를 제공할 수 있다. 최근에는 비콘(beacon)을 활용하여 고객이 매장 방문 시 고객정보를 파악하여 맞춤 상품 및 쿠폰 등을 제공함으로써 개인별서비스를 제공할 수 있으며, 기업들에게는 유용한 마케팅 수단이 될 수 있다. 모바일 지갑은 위치서비스를 이용해 사용자의 위치를 실시간으로 파악할 수 있으며, 사용자의 주변에서 사용 가능한 쿠폰사용 가맹점을 안내해 주고 있다.

상황기반제공성은 고객이 위치한 환경에 최적의 소비의사결정을 할 수 있도록 최적의 정보와 서비스를 제공해 줄 수 있다. 이러한 상황기반제공성은 모바일 상거래에서 인지된 유용성과 사용의도에 유의한 영향을 미치며(이태민, 2004), 유비쿼터스 서비스의 상황기반제공성은 사용의도에 유의한 영향을 미침을 보고하였다(박철, 2006), 특히, (유재현 · 박철, 2009)는 중국 소비자의 모바일 쇼핑 서비스 사용요인에 관한 연구에서는 모바일 쇼핑 서비스의 상황기반제공성을 높게 평가할수록 모바일 쇼핑 서비스에 대한 유용성을 더 높게 지각하는 것으로 나타났다. 노미진 · 김병곤 · 박순창(2011)도 언제나, 어디서나 접속이 가능한 유비쿼터스 기능은 지각된 유용성, 지각된 사용용이성, 사용의도에 긍정적인 영향을 미치는 요소임을 밝혔다. 반면, 최혁라(2004)는 모바일 인터넷에서 상황기반제공성은 사용의도에 유의한 영향을 미치지 않는 것으로 제시되어 엇갈린 의견을 보였다.

제3절 신서비스개발 이론

3.1 서비스의 정의

경제학에서는 서비스를 용역으로 간주하고 유형재인 제품과 구분한다. 서비스를 창출하는 서비스 노동의 경제학적 성격을 둘러싼 논쟁이 있었다. 스미스(A. Smith, 1789)는 서비스 노동은 부를 창출할 수 없기 때문에 비생산적 노동으로 보았다. 즉, 법관, 교사, 의사, 시인, 배우, 음악가 등과 같은 서비스 노동은 비생산적인 노동이라고 하였다. 그는 자본과 교환되는 노동이나 상품에 실현되는 노동이 생산적 노동이지 서비스는 여기에 해당되지 않는다고 본 것이다. 세이(J. B. Say, 1803)는 비물질적인 것은 보존이 용이하지 않으므로 부가 아니라는 스미스의 견해를 부인하고 부의 본질은 효용이며 생산이란 물질의 창조가 아니라 효용의 창조라는 주장을 하였다. 세이는 부를 물질적 부와 함께 비물질적 부를 포함하며, 비물질적 부가 바로 서비스라고 하였다(이유재, 2004),

이처럼 경제학에서는 서비스를 비생산적 노동이나 비물질적 재화로 보는 견해가 있다. 이러한 견해는 인간이 생산한 물질적 수단이 소비에 비해 공급 부족이었다는 역사적 사실과 경제학 자체가 물질적 희소성의 원칙에 입각하고 있다는 사실에서 유래한다고 볼 수 있다.

경영학과 마케팅에서는 1960년부터 서비스에 관한 연구가 제품과 서비스의 비교 형태로 시작 되었다. 1970년대에 서비스의 현상과 특성에 대한 관심이 집중되었고 1980~1990년에는 이론적 체계와 전략적 이슈들을 주로 다루었다. 이유재(2004)는 서비스에 대한 정의를 활동론적, 속성론적, 봉사론적, 인간상호관계론적으로 분류 하였다. 활동론적 서비스(service)는 활동에 근거하고 있다.

미국 마케팅학회(American Marketing Association)는 “서비스란 판매목적으로 제공되거나 또는 상품판매와 연계해서 제공되는 여러 가지 활동의 편의 만족”으로 정의 하였다(AMA, 1960), 예를 들어 오락서비스, 호텔서비스, 전략서비스, 수

송서비스, 이·미용 서비스, 신용서비스 등을 들고 있다. 스탠톤(Stanton)은 "서비스란 소비자나 구매자에게 판매될 경우 욕구를 충족시키는 무형의 활동을 제품이나 다른 서비스의 판매와 연계되지 않고도 개별적으로 확인 가능한 것" 이라고 정의한다. 이러한 정의는 제품이나 서비스의 판매와 관련되어 존재하는 서비스(예, 보험, 신용)등이 배제된다는 문제점이 있다. 블로이스(K. J. Blois)는 "서비스란 제품의 형태를 물리적으로 바꾸지 않고 판매에 제공되는 활동"이라고 정의하고 활동을 편익과 만족을 가져오는 과정으로 파악하였다. 이러한 정의는 "물리적 변화를 일으키지 않는다"는 문제를 가지고 있다. 왜냐하면, 때때로 서비스가 제품형태를 바뀔 수 있기 때문이다. 속성론적 서비스는 속성을 중심으로 정의할 수 있다. 즉 제품과의 차이점을 지적하며 서비스를 파악하고자 한다. 라스멜(Rathmell)은 서비스를 "시장에서 판매되는 무형의 상품"으로 정의하고 무형과 유형의 구분을 손으로 만질 수 있느냐의 여부에 따라 하고 있다. 마케팅 연구자와 경제학자들은 서비스를 무형재로 규정하는 정의를 사용하고 있다. 그러나 쇼택(shostack)은 서비스는 무형재가 아니며 무형재로서 판매되지도 않는다고 반론을 제기한다. 무형성은 하나의 상태와 속성으로 서비스 자체의 본질이 아니라는 것이다. 봉사론적 정의는 서비스를 인간에 대한 인간의 봉사라고 보는 것이 기존의 통설이라고 전제하며 현대적인 서비스는 이런 전통적 발상에서 탈피해야 한다고 주장한다. 인간이 제공하는 봉사적 서비스를 인간으로부터 분리하고 인간노동을 기계로 대체하여 서비스의 공업화를 통해 효율성 향상을 달성할 수 있다고 하였다.

인간상호관계론적 서비스는 무형적 성격을 나타내는 일련의 활동으로 고객과 서비스 종업원의 상호관계성에서부터 발생하며 고객의 문제를 해결해 주는 것이라고 하였다. 대부분의 경우 서비스는 서비스 제공자와 상호작용을 한다. 그러나 때로는 고객이 서비스 기업과 상호작용을 하지 않을 수도 있다. 그러나 상호작용이 없는 것 같이 보이지만 실제로는 상호작용이 존재하는 경우도 많다. 예를 들어 자동차 정비소에서 수리 받는 경우 고객이 직접 그 장소에 없어도 서비스가 제공되고 있다.

3.2 신서비스개발 방법론

신서비스개발(New Service Development: NSD)는 이제까지 소비자가 누릴 수 없었던 전혀 새로운 서비스를 제공하는 것으로 정의할 수 있다. 신서비스개발을 위한 역량은 일반적으로 요구되는 혁신기반이나 신서비스에 있어 기업에 효과를 제공할 수 있는 능력을 말한다. 즉, 신서비스개발을 위한 전략을 선택 및 개발하고, 체계적인 개발 프로세스를 구축한다. 기업의 내·외적 환경을 파악하는 등의 실행을 위해 필요한 자원과 능력이다. 모바일 기술의 발전은 개인화된 서비스 제공을 위한 새로운 채널을 만들었으며 전통적인 서비스를 뛰어넘는 모바일 기반의 새로운 서비스개발을 촉진시키고 있다. 이것은 모바일의 편재성(ubiquity), 편리성(convenience), 즉시연결성(instant connectivity), 개인화(personalization), 제품과 서비스의 지역화(localization of products and services)에 기인한다(Tsalgatidou & Pitoura, 2001). 과거 전통적인 산업분야에서 새로운 서비스 시스템 개발을 위한 방법론에서는 서비스 아이디어 생성 단계에서 서비스 구현 단계까지 다양하게 제시되어 왔다(Cooper & Edgett, 1994; Goldstein, Johnston, Duffy, & Rao, 2002; Johnson & Fornell, 2000), 고객의 경험과 요구사항을 반영하여 새로운 서비스가 창출될 수 있으며 조직에서 발생하는 새로운 서비스에 대한 필요에 의해서도 창출될 수 있다는 관점의 연구도 진행되었다. 전통적인 신서비스 창출을 위한 연구들은 대부분 직관적인 접근에 의지하고 있는 것으로 파악된다. 신서비스개발 방법론에서 신서비스는 여러 가지 차원에서 분류가 되고 있다. Lovelock(1983)은 신서비스를 여섯 가지로 분류하였다. 첫째, 시장에 아직 정의되지 않은 신서비스인 대혁신(major innovation), 둘째 시장에 이미 존재하고 일반적인 필요에 의해 제공되는 서비스를 상업화하는 신규사업화, 셋째 현재 서비스를 제공하는(start-up business) 시장에 기존에 제공하지 않았던 다른 서비스를 제공하려는 신서비스(new product for the currently serviced market), 넷째 현존하는 서비스 계열의 확장인 라인 확장

(product Line extensions), 다섯째 현존하는 시장에 이미 제공되고 있는 서비스의 일부 특성을 변경하여 제공하는 개선(product improvement), 여섯째 외관적으로 많은 변화를 주어 제공하는 형태 변경(style changes)이다. Johne & Storey(1998)은 신서비스개발에 대한 분류기준으로 비용절감과 재위치화를 위한 공정 개발방법이 포함되어야 한다고 주장하면서 신서비스개발유형을 상품개발(product development), 공정개발(process development), 상품증대개발(product augmentation development) 등으로 나누었다. Johnson & Fornell(2000)은 서비스의 혁신수준에 따라 신서비스 범주를 분류하고 있는데 급진적 혁신과 점진적 혁신으로 구분하고, 급진적 혁신의 범주에는 주요 혁신과 신설 사업, 현재 서비스를 제공하는 시장을 위한 새로운 서비스가 포함되고, 점진적 혁신에는 서비스라인 확장, 서비스 개선, 스타일 변경의 범주가 포함된다고 하였다. Kelly(2000)은 신서비스개발과정을 성공적으로 수행하는데 장애가 되는 것을 6가지 요인으로 분류 하였다. 첫째, 정보기술이다. 기존시스템의 비유연성, 시스템 개발속도, 정보기술 개발자원이 포함된다. 둘째, 자원이다. 자원의 부족, 프로젝트 관리자원의 부족, 헤드헌트의 부족이 포함된다. 셋째, 지식, 기술, 능력과 프로세스이다. 신서비스개발과정 이해, 창의적인 직원 부족, 좋고 새로운 아이디어의 선발과정, 운영지원 능력, 고객욕구로 정의하였다. 넷째, 문화이다. 여기에는 관리능력의 변화, 기업문화, 보상, 위험에 대한 태도가 포함된다. 다섯째, 재정적 요인이다. 이에는 재정적 자원의 부족, 예산비용, 재무적 목표이다. 여섯째, 기타요인으로는 관계(공급자와의 관계), 전략과 명령(체계적인 계획의 미비), 구조(다기능 팀의 역할 부족) 등으로 말하고 있다. 위의 내용을 요약해 보면 정보기술 사용정도, 시장분석 능력, 지원자원의 정도, 부서간의 관계, 공식적인 개발프로세스 등을 신서비스개발 시에 고려해야하는 요인으로 설명할 수 있다. Avlonitis, Papastathopoulou, & Gounaris(2001)는 신서비스 성공과 실패요인으로 상품의 장점, 마케팅 제공, 시장의 속성, 협동하는 환경, 프로세스의 속성 등을 제시하였다. Cooper & Edgett(1996)는 모든 요인들을 충

족했더라도 반드시 성공을 하는 것은 아니며, 특히 위의 요인 중 마지막 3개는 그 자체가 신상품 개발에는 직접적으로 관련이 되는 것은 아니지만 이는 신상품 개발이나 전달과정에서 경쟁적 우위를 차지할 수 있는 요인이 된다고 말하고 있다. Gupta & Wilemon(1986)은 4가지의 신제품 개발에 대한 실패요인으로 상품 요구 정의의 미비, 기술의 불확실성, 부관리자들의 지원 부족, 그리고 프로젝트 관리자의 역량 부족 등을 지적하였다.

3.3 고객지향적 신서비스개발

신서비스개발(New Service Development)이란 기업이 종업원들의 새로운 아이디어를 통해 지속적으로 고객에게 우수한 양질의 상품과 서비스를 제공하기 위한 일련의 전반적인 서비스의 개발과정을 의미한다(Goldstein *et al.*, 2002). 고객들은 지금 이용하고 있는 서비스보다 더 편리하고 편안하고 질이 좋은 서비스를 지속적으로 요구하고 있다. 신서비스개발의 성공은 경쟁업체간의 심한 경쟁에 따른 악화를 피하고 고객들의 까다롭고 다양한 욕구와 요구를 적극적으로 사용하는 방법으로서 상품의 우월성과 경쟁력을 확보하는데 있어서 매우 중요한 필수적인 요소이다(윤용보, 2015), 신서비스개발은 서비스, 품질, 운영방식 등에서 최종 소비자들이 기존에 얻을 수 있는 서비스를 만들어 내는 것이며, 고객만족의 창출을 통한 마케팅 이윤과 고객요구에 초점을 맞춘 고객지향적인 관점의 전사적 활동이다. 이러한 고객지향성은 고객이 무엇을 원하는지에 대한 것으로 종업원들이 고객지향성이 신서비스개발을 결정하는 매우 중요한 요인임을 밝히고 있다(Kelley, 1992; Narver & Slater, 1990; Ramaseshan *et al.*, 2002; 김태구, 2012; 최동주 · 정우진, 2012), Frambach *et al.*, (2003)은 독일의 종업원들을 대상으로 진행한 연구에서 고객지향성과 경쟁자 지향성은 신상품 개발활동에 긍정적인 영향을 미치고 있음을 실증하였다. 이 외에도 고객지향성이 신상품 개발 프로세스와 성공에 긍정적인 영향을 미치고 있음을 실증한 많은 연구들이 있다(Gresham *et al.*, 2006; Kelley, 1992; Narver & Slater, 1990; Ramaseshan *et al.*, 2002; 이은용 · 이수범, 2009).

3.4 모바일기반 신서비스개발

정보통신 기술의 급격한 발전과 진보로 기존의 고정된 인터넷 네트워크 기반의 전자상거래 이용형태에서 모바일 인터넷 네트워크 기반의 전자상거래 이용형태로 점차 변화하고 있다. 모바일 인터넷 속도가 빨라지고 모바일 앱과 전용 온라인 마켓의 등장으로 모바일 커머스 환경이 개선되었으며 소셜 네트워킹 서비스가 모바일 커머스와 결합한 소셜 커머스(social commerce)까지 등장하여 미디어 이용자들의 소비형태가 변화하고 있다. 이러한 비즈니스 환경의 변화는 기업의 지속적 생존과 성장 동력으로서 차세대 신서비스의 개발이 중요한 과제로 부상하고 있으며 새로운 모바일 서비스의 개발은 학계와 실무에 있어서 대표적인 사례라 할 수 있다.

모바일 비즈니스에 대한 관심이 증가하면서 관련된 다양한 연구가 진행되어 왔다. 이러한 연구들은 크게 모바일 서비스 제공의 관점, 고객 관점의 2가지 종류로 구분할 수 있다.

첫째, 비즈니스 관점에서 모바일 비즈니스를 전통적인 e-비즈니스와 비교하기 위한 시도가 주를 이룬다. 기존의 e-비즈니스와 차별적인 특성을 갖도록 하는 모바일 환경의 특성을 분석하기 위한 연구가 진행 되었고(Dholakia & Dholakia, 2004) 모바일 비즈니스에 대한 연구도 진행 되었다. 모바일 비즈니스에서는 이동통신망 운영사업자 역할이 중요하게 작용하여 이를 분석하기 위한 연구가 진행되었다. 고객관점에서 가장 주된 연구주제는 고객이 모바일 서비스를 채택하는 이유에 대한 분석과 고객이 모바일 서비스에 만족을 느끼는 방법에 대한 연구가 주류를 이루었다. 모바일 서비스에서 고객채택 모델이 개발되고 제안 되었다(Kleijnen *et al.*, 2004), 고객이 인지하는 서비스의 품질과 서비스 제공자의 관계를 파악하여 고객만족의 요소를 찾기 위한 연구도 진행되었다(Koivisto & Urbaczewski, 2004), 모바일 서비스는 점점 멀티미디어화, 다중 네트워크화 되고 있을 뿐만 아니라 관련 서비스 시장의 성장 속도가 제품 시장을 앞지르는 사례도 관찰되고 있다(강선희 · 박종원 · 이성수, 2008), 모바일 서비스 개념(concept)의 개발은 모바일 서비스개발의 첫 단계이자 이후 단계에 직접적 영향을 미치는 매우 중요한 영역이다.

하지만, 모바일 서비스와 전통적 오프라인 서비스의 특성 간에 상당한 차이가 있으므로, 전통적인 고객 중심적 접근법을 모바일 서비스, 특히 고객이 잘 알지 못하는 완전히 새로운 서비스의 개념 생성에 적용할 경우 한계가 있다(김철현 · 전정환, 2011),

서비스 과학 또는 서비스 공학은 최근 들어 새롭게 주목 받고 있는 영역으로서 아직 이론적인 체계가 확립되지는 않았으나 일반적으로 서비스 산업의 운영, 성과, 혁신을 향상시키기 위해 다양한 분야로부터 나온 지식을 종합하는 다학제적 학문이라 할 수 있다(Gruhl, Bailey, Spohrer, & Maglio, 2007),

서비스 과학에서 가장 중요한 주제 중 하나이자 서비스 과학이 본격적으로 전개되는 출발점인 신서비스개발은 전술한 서비스 과학/공학의 연구 이슈 중 첫 번째에 해당하며 서비스 탐색 및 아이디어 생성 단계에서 사후분석까지 다양한 단계로 이루어져 있다(Cooper *et al.*, 1994; Goldstein *et al.*, 2002; Johnson *et al.*, 2000),

서비스 개념 개발은 서비스 개념의 생성과 평가의 두 단계로 구성된다. 서비스 개념의 생성에 관한 기존 연구는 주로 고객을 출발점으로 한다. 이는 새로운 서비스가 고객의 경험이나 요구로부터 창출된다는 것이며 전통적 오프라인 서비스에 주된 초점을 맞추어 왔다(Bitran & Pedrosa, 1998; Perks & Riihela, 2004; Tax & Stuart, 1997), 하지만, 이러한 시장 견인적(market driven) 특성은 전통적 오프라인 서비스와는 달리 모바일 서비스는 기술 견인적(technology driven) 특성을 지닌 기술기반 서비스의 일종이다(Rowley, 2006), 즉, 모바일 서비스에서 서비스 생성이나 진화의 출발점은 기술혁신이다(Pateli & Giaglis, 2005; Tsai et al., 2009), 이러한 연구들 중에서 모바일 비즈니스에서 중요한 또 다른 주제는 기업이 어떻게 새로운 서비스 및 비즈니스를 창출할 것인가를 분석하는 것이다. 이는 새로운 서비스의 창출은 기업의 지속적인 성장과 밀접하게 연관이 있기 때문이다. 모바일 앱 마켓은 기존의 통신사업자 중심의 폐쇄적인 모바일 콘텐츠 및 앱 유통구조를 개방적이고 유연한 생태계로 진화시켰으며 다양한 기업들이 모바일 앱 마켓에서 주도권을 잡기 위해 치열한 경쟁을 펼치고 있고 이에 따라 경쟁구도와 경영환경은 갈수록 불확실해 지고 있다.

제4절 혁신확산이론(Innovation Diffusion Theory)

1962년 에버렛 로저스(Everett M. Rogers)가 제시한 혁신확산이론은 다양한 학문분야에서 개인 차원의 혁신채택과 사회적 차원의 혁신확산 연구를 위한 이론적 토대로 사용되고 있다. 혁신확산이란 새로운 아이디어, 관행, 제품이나 서비스가 시간이 경과함에 따라 사회체계의 구성원들 사이에서 특정 채널을 통해 커뮤니케이션 되는 과정이며(박종구, 2012) 혁신을 채택한다는 것은 혁신을 온전히 이용하는 과정이다.

혁신확산이론에 따르면 혁신은 인지된 혁신의 특성들과 소비자의 혁신성향에 의해서 확산된다고 주장한다. 인지된 혁신의 특성들로는 기존제품이나 서비스보다 더 좋은 가치와 혜택을 제공하는 혁신의 상대적 이점(relative advantage), 기존의 가치관이나 경험, 그리고 필요에 부합하는 것으로 인식하는 정도인 적합성(compatibility), 채택이전에 경험해 볼 수 있는 시험가능성(trialability), 그리고 혁신채택의 결과를 확인해 볼 수 있는 관찰가능성(observability)이 높고

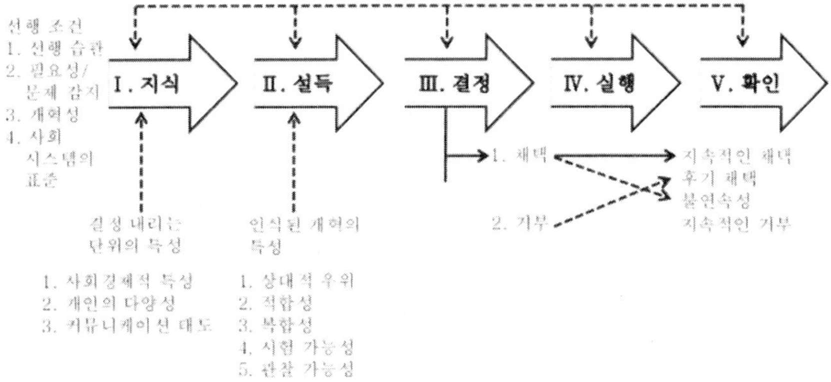

▌그림 4▐ 혁신채택 의사결정 과정

혁신을 이해하거나 사용하기가 어렵다고 느끼는 정도인 복잡성(complexity)이 낮다고 인식되는 혁신일수록 확산이 빠르게 진행된다고 하였다.

로저스는 소비자가 인지하는 혁신의 특성들이 혁신채택률의 약 50%정도 설명함으로써 가장 중요한 변수이며, 이 중에서도 상대적 이점과 적합성이 혁신의 채택률을 설명하는데 특히 중요하다고 하였다. 혁신확산이론은 상대적 이점의 정도는 경제적 측면에서 측정할 수도 있지만 사회적 위신, 편리성, 만족도도 중요한 요인이라고 설명하였다. 지각된 위험은 혁신채택에 부정적인 영향을 미친다는 사실이 검증되면서 혁신특성의 여섯째 차원으로 추가되었다. 인지된 위험은 불확실성(Bauer, 1960) 또는 특정재화의 구매와 관련된 불확실성과 구매 후 부정적인 결과(Cunningham, 1967)로 사용되며, 신체적, 기능적, 사회적, 시간손실, 금전적, 기회비용 차원 등으로 구성되며 불확실성이나 부정적인 결과가 클 때 인지된 위험이 높아진다는 연구(Lu *et al.*, 2005)가 제시되었다. 조엡아츠(Joep W. C. Arts)등은 혁신채택의사결정에 가장 큰 영향을 미치는 것은 불확실성(uncertainty)라고 하였다(Arts *et al.*, 2011),

출처: 김영석 강내원 박현구 옮김(2005). 개혁의 확산, 커뮤니케이션북스

┃그림 5┃ 혁신성향에 따른 소비자 집단 유형화

혁신채택의 또 다른 요인은 개인의 소비 혁신성향이다. 즉, 소비자의 심리적 특성인 혁신성향(Innovativeness)이며, 새로운 아이디어를 상대적으로 빨리 채택하는 정도로 정의된다. 혁신확산이론에서는 혁신성향을 기준으로 사회구성원들을 다섯 범주 즉, 혁신가(innovators), 초기 채택자(early adopters), 후기 대다수(late majority), 혁신 지체자(laggards)으로 구분 하였다. 혁신 성향은 소비자의 다양한 특성들 중에서 혁신채택을 가장 잘 설명하는 요인으로 확인되었으며, 자기효능감, 새로움 추구 등을 포함하는 구성개념으로 파악된다. 자기효능감(self-efficacy)은 사회인지이론에서는 특정업무를 수행할 수 있는 자신의 능력에 대한 믿음(Bandura, 1977)이라고 하였으며, 혁신채택에서는 혁신적인 제품이나 서비스를 효과적으로 활용할 수 있는 능력이나 기술을 가졌다고 믿는 정도(Ellen *et al.*, 1991)로 정의된다.

제5절 기술수용모델

정보통신기술의 발달과 함께 모바일 산업에서 사람들이 모바일 서비스를 이용하는 동기와 그 기대가치를 연구하는 것은 점점 더 중요해지고 있다. Davis(1986)가 정보기술의 사용과 예측을 위한 기술사용모형을 제안한 이후 많은 후속 연구가 소비자의 다양한 신제품 사용에 관련하여 계속되어 왔다. 본 장에서는 기술수용모델의 기반인 합리적 행동이론(Theory of Reasoned Action: TRA), 계획된 행동이론(Theory of Planed Behavior: TPB), 혁신확산이론(Innovation Diffusion Theory: IDT), 기술수용모델(Technology Acceptance Model: TAM), 확장된 기술수용모델 3(Extended Technology Acceptance Model 3: ETAM 3)을 살펴보고자 한다.

5.1 합리적 행동이론

Fishbein & Ajzen(1975)과 Ajzen & Fishbein(1980)은 합리적 행동이론에서 행동을 예측하기 가장 좋은 예측변수는 행동의도라고 가정 하였다. 행동의도는 개인이 특정행동을 실행하기 위한 태도와 개인의 특정행동을 실행하는 것에 대해 타인이 어떻게 지각할 것인가에 대한 개인의 주관적 규범에 의해 결정된다고 하였다. 목표행동에 대한 태도는 미리 묘사된 방식으로 행동하는 것에 대한 사람들의 태도를 말하며, 주관적 규범이란 이런 식으로 행동하는 것을 타인이 어떻게 평가할 것인가에 대한 응답자의 신념(NB)과 타인이 생각하는 것에 순응하려는 동기(MC)를 곱한 것을 의미한다. 행동에 대한 태도는 믿음과 평가에 의해 영향을 받고 주관적 규범은 규범적 믿음과 순응동기에 의해 영향을 받는다. 합리적 행동이론에서는 행위에 대한 태도와 규범적 요소는 행위를 잘 예측해 주지만 각 요소를 구성하는 방법이 각기 존재하여 많은 정보가 요구되며 태도만으로 행동을 예측하기 어렵다는 단점이 있었다. 아울러 과거의 행동이 행동의도에 영향을 주는데 대한 가정(Bentler & Speckart, 1981) 태도와 규범적 요인과의 강한 상관성 때문에 개별적 구별의 어려움이 있는 것으로 알려져 있다(Miniard & Cohen, 1981),

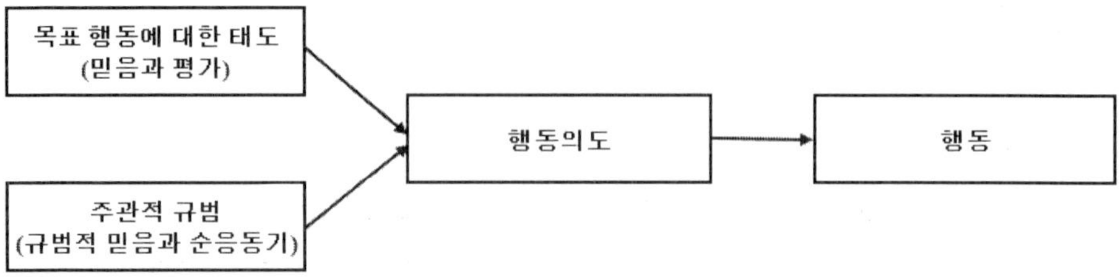

▌그림 6▐ 합리적 행동이론 모형

5.2 계획된 행동이론

계획된 행동이론은 합리적 행동이론의 약점을 보완하기 위해 이성적 행동이론의 한계점을 극복하고자 하였다. 현실에서는 소비자의 지각된 행동통제가 낮아 행동의도가 형성되지 않거나, 소비자의 지각된 행동통제는 높으나 실제적 행동통제가 낮아 의도대로 행동이 불가능한 상황이 발생한다. Fishbein & Ajzen(1975)은 행동통제를 결정요인을 자원과 기회로 보았다. 자원이 있으나, 기회가 없다고 생각하여 지각된 행동통제가 낮거나 반대로 자원과 기회가 모두 있을 것으로 생각하고 지각된 행동통제가 높은 경우가 있다고 하였다. 따라서 행동의도는 태도, 주관적 규범 그리고 지각된 행동통제의 함수며, 행동은 행동의도와 실제적 행동통제의 함수로 볼 수 있다. 지각된 행동통제는 개인이 그 행동을 수행하는 것을 얼마나 쉽거나 어렵게 생각하는 가에 관한 개인의 지각으로 정의될 수 있으며 이는 개인이 주어진 행동을 성공적으로 실행할 수 있다는 확신을 의미(Ajzen, 2005) 한다.

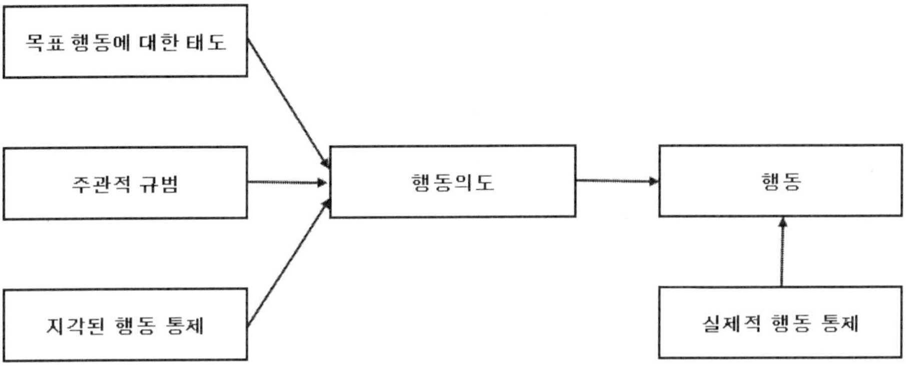

▌그림 7▌ 계획된 행동이론 모형

5.3 기술수용모델(TAM)

기술수용모델(Technology acceptance model: TAM)은 정보기술사용과 관련된 연구에서 빈번하게 활용되는 이론이다. 1986년에 Davis가 조직의 업무성과 개선을 위해 도입한 정보기술에 대한 조직구성원들의 사용에 영향을 미치는 요인들이 무엇인지를 밝히기 위한 이론적 틀로써 개발되었다(Davis, 1989; Davis *et al.*, 1989). 기술수용모델은 새로운 기술에 기반을 둔 혁신사용과정을 설명하는데 있어서 많은 장점이 있는 것으로 평가되어 많은 실증연구들이 진행되었다(Ma & Liu, 2004). Davis(1989)와 Davis, Bagozzi, & Warshaw(1989)은 TAM을 제시하면서 기술적인 제품이나 새로운 기술의 사용에 있어 기술적인 제품이나 새로운 기술의 지각된 유용성(Perceived usefulness)과 지각된 용이성(Perceived Ease of Use)이 중요한 역할을 한다고 주장 하였다. TAM은 태도를 통해 행위를 예측하는 대표적인 행위의도 모델인 합리적 행위이론(TRA: Theory of Reasoned Action)에 근간을 두고 있다(Fishbein & Ajzen, 1975). 합리적 행위이론은 신념-태도-행위 간의 인과관계를 사용자들이 새로운 기)을 사용하는 행동과정에 적용한 기술수용모델이다. 즉, 사용은 사용의도에 영향을 받으며, 사용의도는 부정적인 또는 긍정적인 태도에 영향을 받고, 태도는 사용자의 지각된 유용성과 지각된 용이성에 영향을 받게 된다. 기술수용모델은 정보시스템의 사용의 결정요인에 대한 설명을 제공하며, 광범위한 최종사용자 컴퓨팅 기술과 이용자 집단에 걸쳐서 사용자 행위를 설명할 수 있을 정도로 포괄적이다. 지각된 용이성(Perceived ease of use)은 "정보기술시스템을 사용하는 것은 많은 노력이 필요하지 않는다고 믿는 정도(freedom from difficulty or great effort)" 이다(Davis, 1989).

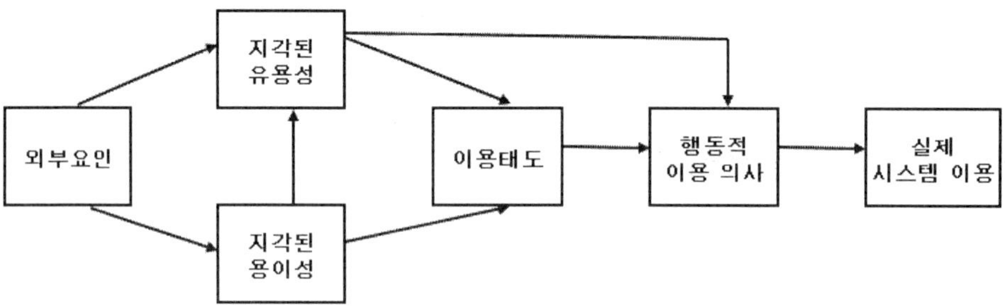

▌그림 8▌ **기술수용모델**

새로운 정보기술시스템을 사용함에 있어 많은 노력을 들이지 않아도 쉽게 사용할 수 있을 것이라는 긍정적인 태도를 견지한다면 사용의도에 정(+) 영향을 주게 될 것이다. 지각된 유용성은 "정보기술시스템을 사용함으로써 자신의 업무성과가 개선 될 것으로 믿는 정도" 이다(Davis, 1989)이다. 정보기술시스템을 사용함으로써 업무성과가 개선될 것이라고 믿는다면 긍정적인 태도를 견지함으로써 사용코자 하는 사용의도에 영향을 주게 될 것이다. 기술수용모델의 외부변수들이 지각된 용이성과 지각된 유용성이라는 내적 신념변수에 어떠한 영향을 미치는 가를 검증한다. 지각된 용이성과 지각된 유용성의 긍정적 관계에 대해 논의 되었고 기술사용모형에 입각하여 지각된 용이성과 지각된 유용성의 긍정적 관계를 실증적으로 제시 되었다(Davis, 1989), 기술수용모델에서 사용자가 정보기술을 사용하는 과정에서 영향을 미치는 요인을 설명함에 있어 기술을 이용하려는 사용자 개인의 신념인 지각된 용이성과 지각된 유용성이 태도에 영향을 미치고, 태도는 행위의도를 매개변수로 하여 실제 행위에 영향을 미친다고 가정한다.

TAM 근거했던 실증연구를 분석한 결과 조직 구성원들의 사용의사에 대한 태도의 예측력, 그리고 정보기술 시스템에 대한 인지된 유용성, 인지된 사용용이성과 사용의사를 매개하는 태도의 역할이 일관되게 검증되지 않은 것으로 나타나지 않았다(Ortega & Gonzalez, 2011), TAM 2에서는 이를 근거로 모델의 간명성 유지와 사용의사에 대한 설명력을 높이기 위해 모델에서 태도를 제외했다(Venkatesh *et al.,* 2003).

모바일 앱의 사용(사용)의도에 TAM을 매개로 사용(사용)한 많은 선행연구들이 있다. 박재석(2009)은 서비스품질, 사용자 경험, OS호환성이 지각된 유용성에, 사용자 경험, 자기효능감, 혁신성향은 지각된 용이성에 지각된 유용성과 지각된 용이성은 사용의도에 유의한 영향을 정의 영향을 미침을 실증 하였다.

Verkasalo, Nicolas, Castillo, & Bouwman(2010)도 지각된 자기효능감, 사회적 영향이 지각된 즐거움과 지각된 유용성에 영향을 주고 지각된 유용성이 사용의도에 영향을 미친다고 하였다. 배재권(2010)은 TAM에 근거해서 촉진조건, 자기효능감, 호환성, 시스템의 품질에 영향을 미침을 밝혔다. 김상훈 · 임수현(2011)은 이용동기 이론에서 추출된 9개(커뮤니케이션 욕구, 위치기반서비스 이용동기, 유용성 기능 추구, 항시 접속 가능성, 정보이용 동기, 멀티미디어 콘텐츠 이용동기, 오락성, 패션을 추구하는 동기, 시간을 보내기 위한 동기)의 앱 이용동기 요인들이 정보기술들과 앱에 대한 태도를 통해 앱 사용의도에 긍정적인 영향을 미치고 있음을 발견 하였다.

TAM을 매개로 연구에서 커뮤니케이션 기능, 생산성, 여가오락, 뉴스정보, 위치기반서비스, 거래 기능 등이 사용의도에 영향을 미친다고 보고 하였다. 양호철 · 정일권(2011)은 미국 휴대전화 사용자를 대상으로 TAM을 이용하여 앱 활용집단과 미활용 집단 간의 사용에 대한 차이를 검증하였다.

5.4 확장된 기술수용모델(TAM 3)

조직원의 신기술이나 서비스 채택과정은 기술수용모델(Technology Acceptance Model: TAM)로 설명되어 왔다. 기술수용모델(TAM)은 Ajzen과 Fishbein(1980)의 합리적 행위이론(Theory of Reasoned Action: TRA)을 기초로 1986년 Davis가 당시 혁신적인 제품이었던 컴퓨터의 사용의도를 설명하기 위하여 처음 개발한 모델이다. 합리적행위이론(TRA)은 행동을 예측하는 가장 좋은 변수는 의도(Intention)이고, 이러한 의도는 태도에 영향을 받는 것으로 설명되고 있다. 태도(attitude)란 특정대상에 대한 호의적이거나 비호의적인 심리적 상태를 말한다. 이와 같은 맥락에서 Davis는 기술이나 혁신 채택 시에는 채택의도가 형성되어 야 하며, 채택 의도는 그 대상에 대한 태도에 영향을 받는다고 주장하였다(Davis, 1989; Davis *et al.*, 1992), 기술수용모델에서 설명하는 태도는 기술에 대한 두 가지 신념의 정도인 지각된 용이성(perceived ease of use)과 지각된 유용성(perceived usefulness)과 관련이 있다. 지각된 용이성(Perceived ease of use)이란 '특정한 기술이나 혁신은 사용하기 쉽다' 라는 신념이며, 지각된 유용성(perceived usefulness)이란 '특정 기술이나 혁신을 사용함으로써 개인의 업무 수행을 향상시켜 줄 것이다'라는 신념이다(Davis, 1989), 이러한 두 가지 과정이 선행될 때 긍정적인 태도가 형성된다.

지각된 용이성과 지각된 유용성은 특정 기술에 대한 태도를 형성하고 태도는 사용의도에 영향을 미치며, 사용의도는 실제사용과 높은 상관관계를 갖는다고 주장하였다. 초기 기술수용모델은 조직 구성원들의 업무성과 증진을 위해 도입되는 새로운 정보기술이나 혁신에 대한 조직 구성원들의 사용과정과 사용에 영향을 미치는 요인들을 규명하기 위한 도구로 활용되어 왔으나(Davis, 1989; Davis *et al.*, 1989) 현재는 개인의 미디어나 서비스, 제품을 채택하는 다양한 분야에서 광범위하게 이용되고 있다. 기술수용모델의 타당성이 검증되면서 많은 실증연구들은 지각된 용이성과 지각된 유용성에 영향을 미치는 외부변수들에 관심을 갖게 되었다(Davis *et al.*, 1992). 이후 많은 연구자들에 의해 워드프로세서, e-mail, 인터넷 웹, ERP시스템, 전자상거래를 포함한 다양한 분야의 연구에 적용되었다(Davis, 1989; Davis *et al.*, 1989; Gefen *et al.*, 2000; Pavlou, 2003). Davis 등(1989)은 추가적인 연구를 통해 정보기술사용 과정에 영향을 미치는 외부요인들(주관적 규범, 이미지, 업무 관련성, 결과품질, 결과입증 가능성)과 조절변수(경험, 자발성)를 포함시키고 태도를 제외한 확장된 기술사용모형인 TAM 2를 제안하였다(Venkatesh & Davis, 2000). 이후 기술수용모델이 정보기술에 대한 사용과정 설명에 폭 넓게 활용되면서 활발한 연구가 이어졌고, 지각된 용이성의 조건 변인들(자기효능감, 외부지원 인식, 불안, 유희성)과 조절 변인군(인지된 즐거움, 객관적인 용이성)이 추가된 확장된 기술사용모형인 TAM3을 제안했다.

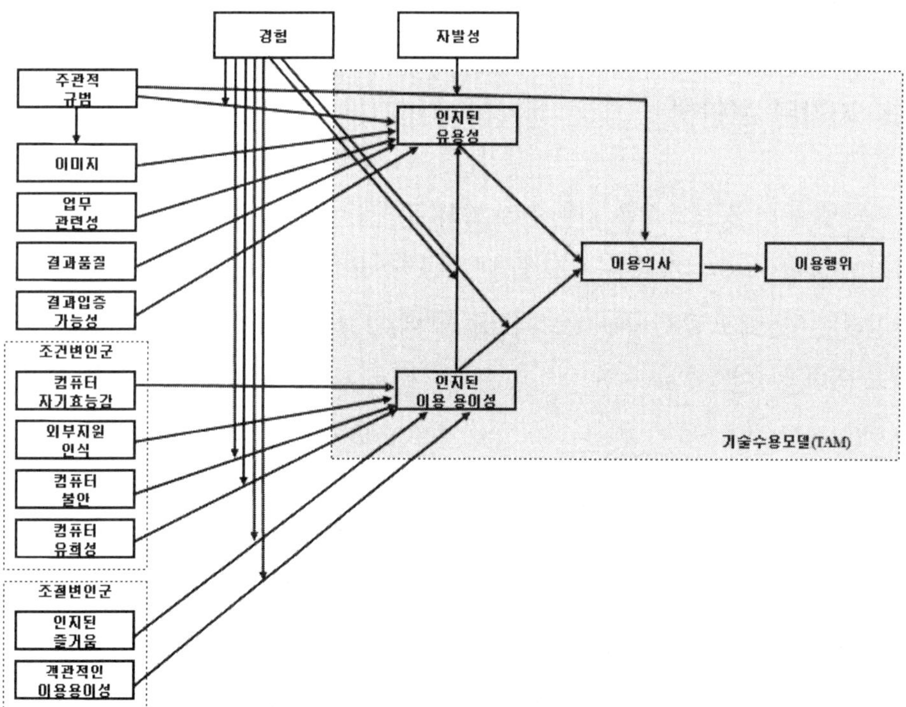

| 그림 9 | 확장된 기술수용모델(TAM 3)

TAM3에 추가된 지각된 즐거움(Perceived Enjoyment)은 특정 시스템의 이용 행위 자체가 즐겁다고 인식하는 정도를 말한다(Venkatesh & Davis, 2000). 지각된 즐거움은 사용의 내부적인 동기요인으로써 인식되며, 많은 연구들이 지각된 즐거움이 컴퓨터를 사용하기 위한 의도에 유의한 변수인지에 주목했다(Davis *et al.*, 1992; Igbaria *et al.*, 1995; Pikkarainen *et al.*, 2004; Teo *et al.*, 1999), 한상일 (2013b)도 스마트폰 사용의 영향에 관현 연구에서 TAM의 지각된 유용성과 지각된 용이성에 인지된 유희성과 신뢰성을 추가하여 사용의도를 분석하였다. Igbaria 등(1995)에 따르면, 지각된 즐거움은 사용의 빈도나, 작업수가 아니라 사용시간이 긍정적인 영향을 미친다고 하였으며, Teo 등(1999)은 인터넷 이용 빈도가 지각된 즐거움에 긍정적인 상관관계가 있음 을 밝혀냈다. 지각된 즐거움과 지각된 희열(Perceived Fun), 지각된 기쁨(Perceived Playfulness)은 매우 유사한 개념임으로 본 연구에서는 같은 개념으로 다루고자 한다.

5.5 지각된 보안성

인터넷 등의 정보기술을 기반으로 해서 운영되는 기기들은 보안성과 같은 기술적인 요인이 매우 중요한 성공요인으로 간주된다(신건권, 2011). 비대면의 무선인터넷기반에서 운영되는 정보시스템에 대한 보안문제의 중요성은 날로 증대되고 있다. 보안성(Perceived Security)이란 전자상거래에서의 거래의 안정성과 개인정보 보호 등을 말한다(김수원, 2015). 모바일 비즈니스는 전자상거래의 한 부분이며 안전한 전자상거래는 고객의 신뢰로 연결된다. 신뢰에 영향을 미치는 요인으로는 보안기술, 계약의 이행, 거래의 정당성, 콘텐츠, 고객과의 협력 등이라고 할 수 있다(Sandeep & Reddy, 1999), 문용은·정유진(2004)은 개인정보 유출, 사생활 침해, 거래정보 유출 등의 위험을 보안성으로 정의 하였다. 전자상거래와 마찬가지로 처음에는 보안문제로 고객들의 불만이 많았으나, 시간이

경과하면서 보안성을 강화한 더욱 안전한 보안수단들이 개발되었다. Dholakia & Dholakia(2004)은 모바일 서비스에 관한 연구에서 무선인터넷의 보안성이 유선인터넷의 보안성에 비해 우수성을 밝히고, 사용자의 정보관리가 필요한 서비스에서 보안성이 중요한 요소임을 강조 하였다. 한상일(2013)은 스마트폰을 이용한 뱅킹서비스 이용 시 사용자의 안전과 사생활과 관련된 요인은 사용자의 이용의도에 영향을 준다고 하였다. 최근 스마트폰 기반의 모바일뱅킹 사용 시 보안수단은 보안카드와 공인인증서이다. 스마트폰 뱅킹에서는 인터넷뱅킹 수준의 보안성을 의무화 하였다. 모바일뱅킹서비스는 무선인터넷 사용에 따라 유선인터넷보다 보안성이 뛰어나며, 개인정보, 거래정보 보안 등 다양한 기술이 개발되었다. 주재훈(1999)은 보안성과 편리성이 한국의 전자지불시스템의 성공에 주요 요인임을 규명하였고 김형준 · 정철호(2008)도 모바일뱅킹에 관한 연구에서 개인이 지각하는 다양한 위험요소 중 지각된 보안성이 지각된 유용성에 영향이 미침을 밝혔다. 정영수 · 정철호(2010)는 인터넷뱅킹 사용자의 사용 후 행동에 영향을 미치는 요인에 관한 연구에서 보안성이 고객만족에 정(+)의 영향을 미침을 규명 하였다. 노미진(2010)은 모바일뱅킹 서비스 특성 중 보안성이 사용자 만족에 미치는 영향에 관한 연구에서 유의하지 않다고 보고 하였다. 재진훈 · 박윤재 · 김광용(2002)은 금융서비스 유통의 혁신사용에 관한 인터넷뱅킹 연구에서 보안성이 인터넷뱅킹에 영향을 미치지 않는다고 보고 하였다. 이동현 · 곽수환 · 황규승 (2006)은 인터넷뱅킹과 모바일뱅킹의 이용에 관한 연구에서 모바일뱅킹의 경우 보안성이 유용성에 영향을 미칠 것이라는 가설은 채택되었지만, 인터넷뱅킹 경우는 가설이 채택되지 않는 것으로 나타나 차이가 있는 것으로 나타났다. 조철호(2007)는 인터넷뱅킹에서 웹사이트 품질이 e가치와 고객만족에 미치는 영향에 관한 연구에서 보안성이 고객만족에 정(+)의 영향을 미친다고 보고 하였다. 김남희 · 김병석 · 서지혜 · 김재경(2008)의 모바일뱅킹서비스의 IT구성요소에 관한 선호도 연구에서 모바일뱅킹 사용자들은 보안성이 사용의도에 유의미한 영향을 주는 반면, 미사용자들은 보안성이 이용의도에 유의미한 영향을 끼치지 않는 것으로 나타났다. 이웅규(2007)는 인터넷뱅킹 재사용의도 과정에서 보안성을 높이 지각하는 사용자는 거래에서 발생할 수 있는 각종 위험을 낮게 지각하고 자신이 원하는 거래를 안심하고 사용 할 수 있기 때문에 거래에 있어 유용성이 높아짐을 규명 하였다. 이처럼 보안성에 대한 지각이 고객만족에 긍정적인 영향을 미친다는 연구결과(정영수 · 정철호, 2010)가 있는 반면, 보안성이 이용과 고객만족에 영향을 미치지 않는다는 상반된 연구결과(노미진, 2010; 김수현 · 이뢰, 2012)가 있다. 모바일 지갑에서 어떻게 영향을 미치는지를 확인하기 위하여 변수를 선정하였다. 보안성에 대한 지각은 사용자인 고객의 만족과 사용에 유의미한 영향을 미치는 경우도 있는 반면, 미치지 않는 경우도 있다. 모바일 지갑도 무선인터넷을 기반으로 지급결제 거래내용과 개인의 신상정보를 포함하고 있어 해킹, 개인정보 유출, 거래정보 유출 가능성이 상존함에 따라 본 연구에서는 지각된 보안성이 사용자 만족에 영향을 미칠 것으로 추론하고 지각된 보안성을 연구변수로 선정하였다.

제6절 후기사용모델(Post Acceptance Model)

정보시스템의 성공여부를 측정하기 위하여 사용자의 태도와 이에 미치는 요인에 관한 연구로는 계획된 행동이론, 합리적행동이론, 혁신확산이론, 기술수용모델 등이 있다. 그러나 정보시스템의 실질적인 성공을 여부를 측정하기 위해서는 최초의 사용여부보다는 시스템의 사용경험에 근거한 유용성과 만족을 통해 지속적인 사용이 이루어지는 것이 중요하다(Bhattacherjee, 2001a; 김영택 등, 2006; 정영수 · 정철호, 2010), 기존의 기술수용모델이 IT의 이용이나 사용에 초점을 두고 있어 지속적 사용에 대한 설명이 어려운 점이 있음을 지적하며 이를 보완하기 위하여 제시된 모델이 후기사용모델이다.

Bhattacherjee(2001b)는 서비스 마케팅 분야의 기대일치이론(Expectation

Confirmation Theory)과 정보기술분야의 기술수용모델의 이론적 토대에 정보기술 이용자의 사용 후 행동을 이해하기 위한 새로운 모델로 후기사용모델(Post Acceptance Model: PAM)을 제안하였다. 후기사용모델은 고객행동연구에서 채택된 기대확신이론에 근거를 두고 있다(Dabholkar, 1996; Oliver, 1980; Oliver *et al.*, 1997; Tse & Wilton, 1988), PAM에서 재구매의도 과정은 〈그림 10〉과 같다(Bhattacherjee, 2001), Bhattacherjee(2001b)는 Oliver가 마케팅 관련 분야에서 주장한 기대와 사용자 만족간의 긍정적 또는 부정적인 일치가 고객의 구매 후 사용자 만족을 이끌어낸다는 이론을 정보시스템 분야의 지속적 사용의도에 적용하였다. 이를 위해 Bhattacherjee는 위와 같은 기대일치이론과 기술수용모델을 접목하여 사용뿐 아니라 지속적 사용을 설명하기 위해 기대충족도(Confirmation), 인지된 유용성(Perceived Usefulness), 사용자 만족(User Satisfaction), 지속적 사용의도(Continuous Intention to use) 등 4가지 요인을 도입하였고, 요인 간의 상호영향관계에 초점을 둔 연구 모형을 수립하였다.

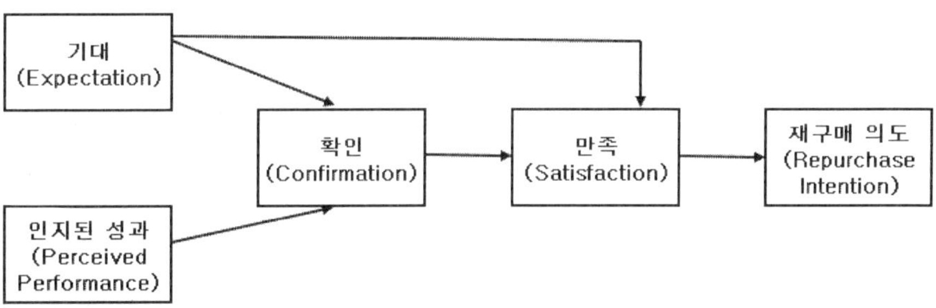

▌그림 10▌ 기대확신이론

모바일 분야에서는 Hong, Thong, & Tam(2006)의 연구에서는 TAM, ECT-IT, 확장된 ECT-IT를 비교하고 모바일 인터넷 연구에 후기사용모델을 도입하였다. 모바일 결제분야에서는 Schierz, Schilke, & Wirtz(2010)의 연구에서는 후기사용모델을 기반으로 적절성, 인지된 보안등의 변수를 추가하여 사용자 만족간의 유의미한 결과를 확인하였다. 후기사용모델은 정보기술과 모바일 분야에서 전부터 활용되어온 모델이다. 정보시스템을 포함한 다양한 분야에서 사용 후 연구가 중요하다는 주장이 있으나(김영택 등, 2006; 정영수·정철호, 2010), 모바일 지갑 출시가 상당한 기간에 지났음에도 불구하고 후기사용 대한 실증 연구는 많지 않다(이청아 등, 2015), 따라서 모바일 지갑의 시장 확대 위해서는 초기 사용에 머물지 않고 사용 후 사용자들을 대상으로 후기사용에 대한 요인들을 파악할 필요가 있다. 모바일 지갑 출시와 서비스 제공사들의 지속적인 마케팅, 많은 다운로드 수에도 불구하고 실제 사용도가 낮은 원인을 고려해 볼 때 활성화를 위해 사용자 만족, 지속적 사용의도, 구전의도와 같은 후기사용에 대한 많은 연구가 필요한 시점이 되었다. 이에 본 연구에서는 사용자 만족, 지속적 사용의도, 구전의도간의 관계를 Bhattacherjee(2001a, 2001b)가 제시한 후기사용모델을 통하여 규명하고자 한다.

6.1 사용자 만족

기업이 경쟁우위를 확보하는데 있어 고객은 매우 중요한 요인(Frederick & Sasser, 1990)이다. 따라서 이에 영향을 미치는 요인들은 무엇이며, 기업성과에는 어떻게 영향을 미치는지에 대한 연구는 매우 중요하다. 마케팅에서 고객만족에 많은 관심을 기울이는 것은 고객만족이 충성도 및 기업성과와 관계가 높다는 점을 기반으로 한다(김영두, 2015). 정혜영·임대규(2010)는 고객만족 수준 및 지속성이 기업의 미래 재무적 성과와 시장가치와 통계적으로 유의함을 실증하였다. 기업 간의 경쟁이 치열한 시장에서 사용자 또는 고객만족은 성공에 필수적인 전제조건이기 때문에 학자와 실무자들로부터 지속적인 관심을 받아오고 있다(Tam, 2008; 이형석 등, 2004), 고객만족에 대한 정의는 분류 방법에 따라 아래와 같이 다양하다(Tam, 2008),

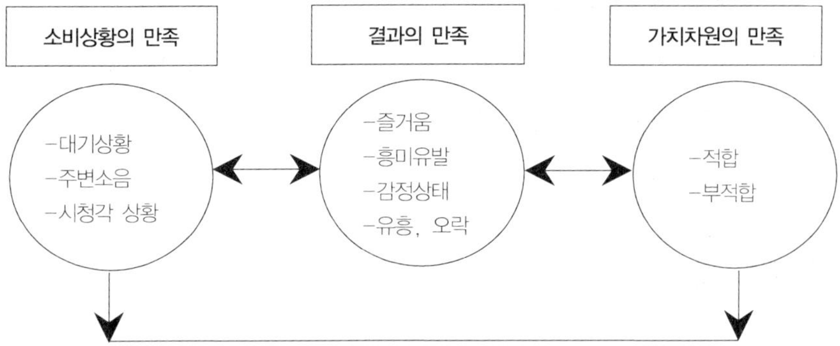

출처: Oliver (1996)

▌그림 11▐ 사용자 만족의 구성요인

첫째, 특정거래의 경우와 누적거래에 따라 달라지며 특정거래의 경우 특정거래에 따른 기대와 성과간의 평가로 정의될 수 있다(Oliver, 1993), 누적적 거래의 경우에는 시간의 경과에 따른 제품 또는 서비스의 거래 및 소비자의 경험에 의해 결정되는 전반적인 평가로 정의된다(Johnson & Fornell, 1991). 둘째, 고객만족의 형성과정에 따라 결과적인지 아니면 과정적인지에 따라 구분할 수 있다. 결과적 정의는 소비경험의 결과와 그로 인한 전반적인 감정반응을 중시하는 반면, 과정적 정의는 제품 또는 서비스의 속성과 그에 대한 평가과정에 초점을 두고 있다. 최근에는 고객중심의 경영전략 수단으로 고객만족의 중요성이 강조되고 있으며(양병화, 2008), 기업들은 고객만족을 충족시킴으로써 기업과 지속적인 관계를 유지하기 위해 노력하고 있다(Oswald *et al.*, 1997), 고객만족은 관계의 지속적의도와 관련하여 가장 많은 연구가 이루어져온 분야 중 하나이다(Fang *et al.*, 2008; 김영두, 2015; 서윤규, 2013; 장형유 · 정서윤, 2014; 허은주 · 김세범, 2014), 허은주 · 김세범(2014)은 미용의료업에서 고객만족이 관계지속의도에 긍정적인 영향을 미친다는 사실을 실증 하였다. Jang & Chung(2014)도 소셜 커머스에서 사용자 만족이 관계지속의도에 긍정적인 영향을 미친다고 보고하였다. 이외에도 많은 연구들에서 사용자 만족은 관계지속의 주요한 선행변수임을 밝혔다(Fang *et al.*, 2008; Oliver, 1999; 장형유 · 정서윤, 2014; 허은

주·김세범, 2014; 홍병숙 등, 2010; 이신남, 2011), 본 연구에서도 모바일 지갑의 사용자 만족이 지속적인 사용과 구전의도에 영향을 미칠 것으로 추론하고 사용자 만족을 연구변수로 선정하였다.

6.2 지속적 사용의도

지속적 사용의도(Continuous Use Intention)란 '소비자들이 이용한 제품이나 서비스를 다시 이용하고 싶은 정도'를 의미하며, 특정 서비스에 대한 고객의 평가에 따라 결정된다(윤종훈, 김광석, 2006). 소비자는 제품이나 서비스를 인지하게 되고 그 다음에 최초의 구매의사결정을 하게 되며 다음으로는 두 가지의 태도 형성과정 즉, 구매 후 평가와 지속사용 결정단계를 거치게 된다는 것이다. 여기에서 지속사용을 결정하게 되면 구매주기의 마지막 단계인 지속사용 단계로 나가게 된다는 것이다(이종오, 2006). 소비자의 지속사용주기는 아래 〈그림 12〉에 나타난 바와 같이 지속사용과 구매 후 평가 그리고 지속사용을 위한 의사결정 과정은 고객과 제품과 서비스를 제공하는 기업 사이의 관계가 지속되는 동안 몇 차례에서 최대 수차례까지 반복 되어지는 지속사용 고리를 형성하게 된다. 고객만족이 구매 후 태도뿐 아니라 지속사용의도 또는 상표전환(brand switching)에 영향을 미치는가에 관한 기존 연구들은 고객만족과 지속사용 의도의 관계가 대체로 긍정적이라는 것을 보여주고 있다(Oliver, 1996). 즉, 고객만족이 구매 후 태도에 영향을 미치며 이러한 태도는 계속해서 지속사용의도에 영향을 미친다는 것이다. 이처럼 만족과 지속사용의도의 긍정적인 관계는 대체로 기존 연구의 결과에서 보여 지고 있다.

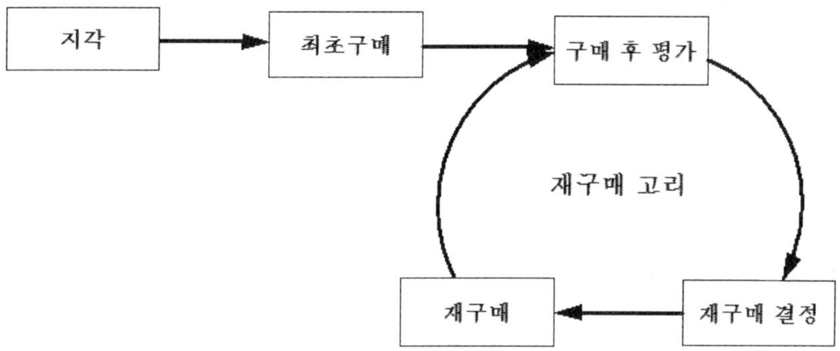

출처 : 이종오(2006)

▌그림 12▐ 지속사용 고리

하지만 몇몇 연구에서는 다른 요인들에 의해 만족과 지속사용의도 관계가 달라질 수 있음을 시사하고 있다(Haistead & Page, 1992), 또한 최근에는 고객만족이 지속사용의도의 중요한 요인이지만, 충분한 조건은 아니며 고객만족만으로는 지속사용의도를 충분히 설명할 수 없다고 주장하면서 지속사용의도에 대한 광범위한 연구의 필요성을 제기하고 있다(Homburg & Rudolph, 2001), 지속사용의도에 관한 선행연구자인 Sweeney, Soutar, & Johnson(1999)은 구매 및 지속사용의도에 미치는 영향변수로서 조우시점의 기능적 서비스품질, 지각된 제품품질, 지각된 실제가격, 지각된 성과 및 재무적 위험, 그리고 지각된 금전적 가치를 제시하고 이 변수들 간의 관계를 연구하였다. 이들은 가전제품의 유통경로에 있어서 소비자의 지각된 가치에 대한 영향요인들을 연구하기 위해 선행변수로서 기능적 서비스 품질, 기술적 서비스 품질, 지각된 제품품질, 지각된 상대적 가격, 지각된 성과 및 재정적 위험을 제시하였다. 이들은 이와 같은 변수들을 이용해 연구모형을 제시한 뒤 실험연구를 통해 다음과 같은 결론을 주장하였다. 첫째, 그 동안 전통적인 선행변수로 인식되어왔던 지각된 제품 품질 혹은 지각된 상대적 가격보다 성과 및 재정적 위험으로 구분된 지각된 위험이 더욱 지각된 가치에 영향을 미친다는 사실이다. 그러나 지각된 상대적 가격과 제품 품질의 중요성은 여전히 존재한다고 하면서 이러한 결과는 내구력이 있는 소비재의 사용에 있어서 위험에 대한 소비자의 지각을 완화시키는데 보다 세심한 주의를 요한다는 것을 나타낸다고 했다. 둘째, 소매상이 내구제의 품질에 대한 소비자 지각을 유지하는데 핵심적인 역할을 수행한다는 점을 연구결과로 제시했다. 지각된 제품품질은 성과 및 재정적 위험을 감소시키는데 주된 역할을 하는 요인임을 증명 하였으며 나아가 그의 연구에서는 기능적 서비스와 기술적 서비스, 품질요인은 약간의 직접적 영향을 미치는 것으로 나타났다. 그러나 지각된 성과 및 재정적 위험에 대한 두 개의 서비스 품질의 간접적인 효과는 직접적인 효과보다 두 배나 큰 것으로 나타났다. 이것은 판매원의 지식과 같은 기술적 서비스는 위험지각을 감소시키는 중요한 역할을 하며, 적절한 제품지식은 제품 품질 지각을 긍정적으로 이끌어 가게 된다는 것을 의미한다. 이는 소비자가 양질의 서비스 품질을 갖춘 점포는 양질의 제품을 보유하고 있다고 믿는 것과 같은 것을 암시하는 것이다(Jacoby & Mazursuky, 1984), Anderson & Sullivan(1993)은 서비스 만족이 지속사용의도와 매우 밀접한 관계를 가진다는 사실을 발견하였다. 서비스 품질과 지속사용의도의 관계에 대해서는 Boulding, Kalra, Staelin, & Zeithaml(1993)이 소비자의 서비스 품질에 대한 인식이 지속사용의도에 정(+)의 영향을 미친다는 사실을 연구를 통해 밝혔다. Garbarino & Johnson(1999)도 "소비자가 미래에도 관련된 서비스 제공자나 서비스 제품을 반복하여 이용할 가능성"이라 하였다. 고객과의 호의적인 관계를 장기간 지속하는 것이 기업의 수익성에 긍정적인 영향을 미치는 것으로 알려졌으며(Zeithaml *et al.*, 1996) 이런 맥락에서 관계마케팅은 장기적인 관계창출에 초점을 맞추었다(Soderlund, 2002), 선행연구들은 고객과의 관계유지가 비용절감, 수익성 증대, 경쟁사 전략에 대한 저항, 가격민감도 약화, 매출증대 등으로 연결되면서 기업성과에 영향을 미친다는 사실을 규명하였다(Dick & Basu, 1994; Odekerken-Schroder *et al.*, 2003; Reynolds & Beatty, 1999; Rundle-Thiele & Maio Mackay, 2001; Verhoef *et al.*, 2002), Fishbein & Ajzen(1975)은 의도(Intention)란 개인의 태도와 행동사이의 중간 변수로써 개인의 주관적인 상태를 의미하는 것이라고 하였다. 따라서 사용의도는 소비자들이 어떤 대상에 대한 태도를 형성한 후 특정 한 미래 행동으로 나타내려는 개인의지와 신념으로 정의될 수 있다. Oliver(1980)는 고객만족이 고객의 태도에 영향을 미치고, 계속하여 지속적인 사용의도와 미래의 잠재적 행동의도에 직접 긍정적인 영향을 미친다는 것을 실증하였다. 인터넷상에서 경험하는 사용자의 긍정적인 감정은 사이트에 대한 지속사용의도를 증가시킨다고 제시하고 서비스품질을 통한 사용자 만족은 시장점유율 향상, 고객 충성도, 지속적 사용의도에 유의한 영향을 미친다고 하였다(Reichheld & Schefter, 2000), 박정숙·변정우(2013)는 SNS의 사용자 만족이 지속적 이용의도에 영향을 미친다고 하였다. 지속적 사용은 유용성의 지각 정도에 의해서 결정된다는 사실은 다수의 선행연구를 통해 확인되었다(Bhattacherjee, 2001b; Hong *et al.*, 2006; Anderson & Narus, 1988; 정영수·정철호 2010; 최계봉 2012; 하성호 등, 2012), 본 연구에서도 모바일 지갑에 대한 지각된 유용성과 사용자 만족이 지속적 사용의도에 영향을 미칠 것으로 추론하고 연구변수에 포함 하였다.

6.3 구전의도

소비자들은 구매위험을 줄이고 합리적인 구매의사결정을 하고자 정보를 탐색하며(허경옥, 2001) 인터넷상에서 제품을 구매할 경우 제품을 보지 않은 상태에서 구매하기 때문에 소비자들의 구매위험의 지각수준이 높아지게 되어 정보탐색을 적극적으로 하게 된다. 최근 소비자가 주로 이용하는 정보원은 기업제공 정보보다는 대중매체, 인터넷, 친구나 가족 등의 구전(Word-of-mouth)이다. 소비자 의사결정과정에서 구전은 중요한 영향을 미치기 때문에(김영택 등, 2006) 구전의 중요성은 강조되어 왔다(Bone, 1995; Brown & Reingen, 1987), 구매의사결정시 소비자의 80%가 주변인의 추천에 영향을 받는 것으로 나타났다(Voss,

1984), 즉 구전정보에 많은 영향을 받고 신뢰도가 높아 구전정보의 중요성이 부각되고 있다(허경옥, 2013), 구전의도는 공신력 있는 제3자가 제공하는 경험을 바탕으로 한 대면적 의사소통이며, 다수를 대상으로 한다는 점에서 중요한 의미를 갖는다(김영택 외 2인, 2006). 이처럼 구전의도가 중요한 것은 기업이 제공하는 정보는 소비자들이 상업적 의도가 있는 메시지로 간주하기 때문에 신뢰하지 않는다(Schiffman & Kanuk, 2000). 반면, 소비자가 자발적 제공하는 정보에 대해서는 높은 신뢰와 공감을 보이기 때문이다(Bickart & Schindler, 2001), 구전정보의 생산 및 탐색 유형은 이용후기, 댓글, 토론 등의 형태이다. 이용후기 정보는 신뢰할 만하다고 느끼는 경향이 높아 소비자들의 구매의사결정에 큰 영향력을 끼치며(Engel *et al.*, 1995) 잠재적 소비자는 경험자의 구전정보를 통해서 불확실성을 해소하고자 한다(Bristor, 1990). 이러한 점 때문에 구전의도는 고객만족과 불만족의 결과변수로 작용한다. 기업의 제품이나 서비스에 만족하면, 그 고객은 자발적으로 주변 사람들에게 좋은 의미의 정보제공과 구매를 권유하게 되는데, 이들 간 준거집단 사이의 관계는 신뢰관계로 연결되어 있어 많은 비용을 사용한 매스커뮤니케이션 광고보다 적은 노력으로 최대의 성과를 발휘하게 된다. Richins(1983)는 불만족한 고객의 부정적인 구전의도를 연구를 통하여 상표전환, 불평행위 등 다른 반응행태를 구분하는 변수들을 규명했다. 이 연구에 따르면 부정적인 구전의도는 문제가 심각하고 판매상의 반응이 부정적인 것으로 인식되었을 때 발생하였다. 즉, 불만족의 책임이 판매상에게 귀속될 때 더욱 부정적인 구전의도가 발생하는 것으로 나타났다(Assael, 1984), 대체로 소비자들은 부정적 구전정보를 긍정적 또는 중립적인 정보보다 더 신뢰하며, 소비자의 브랜드에 대한 태도변화 및 구전의도 변화에 부정적 구전정보의 영향력이 큰 것으로 많은 연구들이 보고하고 있다(Chevalier & Mayzlin, 2006; 손진아 · 이은영, 2007; 이은영 · 이태민, 2005; 이태민 · 박철, 2006), 지금까지 논의된 바와 같이 모바일 지갑에 대한 구전의도는 고객만족과 지속적 사용의도에도 영향을 받는 것으로 추론 할 수 있어 연구변수에 포함 하였다.

제7절 성별 조절효과

1980년 이후 컴퓨터와 사회과학분야의 학자들은 성별, 사회계층, 문화, 교육수준, 전문지식과 같은 개인적인 요소들에 많은 연구를 진행해 왔다. 이 중에서도 성별은 전략수립과 실행에 가장 중요한 요소가 되어 왔으며(Ong & Lai, 2006; Rodgers & Harris, 2003), 소비자의 구매의도 예측과 구전의도의 핵심적인 역할을 하고 있다(Okazaki & Hirose, 2009), Jackson *et al.*,(2010)은 인터넷 사용에 대한 지식이 여성보다 남성이 많아 기술사용에 있어 여성과 남성간의 차이가 존재함을 규명하였다. 선행연구들에 따르면 남성이 여성보다 컴퓨터에 대해 더 많은 지식이 있고 컴퓨터에 대해 더 긍정적인(Durndell & Thomson, 1997) 반면, 여성은 컴퓨터에 두려움이 큰 것(Brosnan, 1998; Rosen & Weil, 1994)으로 알려져 있다. 심리학에서는 의사결정과정에 남·여간 구조적 차이가 존재한다는 것을 제시하고 있다(Bem, 1981), 인터넷 쇼핑을 통한 구매상황에서 사용 후기 의존도에 대한 성별 차이를 검토한 연구(전우영·정현주, 2006)에서 남성들은 객관적인 제품정보에 근거해서 구매하는 반면, 여성들은 사용후기에 대한 의존도가 더 높다는 것을 규명하였다. Hwang(2010)은 최근 기술정보분야에서 성별을 조절변수를 채택한 많은 연구가 이루어지고 있으며 성별 간의 차이가 중요한 연구임 지적하였다. Venkatesh & Davis(2000)은 기술채택과 지속적 이용에 관한 성별 종단연구에서 새로운 기술이용에 대한 태도가 남성의 의사결정에 강한영향을 미치며, 여성은 주관적 규범과 지각된 행위통제가 강한 영향을 미친다고 하였다. 성별에 근거한 초기 신기술 평가가 지속적으로 영향을 미치는 것으로 나타나며 소득, 조직의 지위, 교육과 컴퓨터의 자기효능감 등의 모든 부분에 걸쳐 강하게 나타났다. Venkatesh & Morris(2000)는 TAM을 통해 개인의 기술사용과 지속적 사용의도에 대한 연구에서 남성들의 기술사용의사결정은 유용성에 의해 강력하게 영향을 받는 반면, 여성들은 주관적 규범이 시간의 경과에 따라 감소하더라도 사용용이성과 주관적 규범에 의해 더 강력하게 영향을 받는 것으로 규명되었다. Laroche *et al.,* 등(2003)은 제품평가 과정에서 성별 차이에 대한 연구를 수행 하였고 남성은 지각된 평가에 간접적인 영향을 미치는 반면, 여성은 제품에 대한 지각된 정도에 직접적이고 간접적인 영향력을 동시에 미침을 규명하였다. 엄명용 · 김태웅(2006)도 효과적인 이러닝 학습에 대한 연구에서 성별차이에 따른 만족도를 분석하고 다양한 채널을 기반으로 이러닝의 상호작용성과 학습편리성에서 남녀 간의 차이를 검증 하였다. 유일 · 이경근(2007)은 자기효능감과 지각된 용이성간의 관계는 남성보다 여성 집단에서 더욱 강한 관계를 지지하고 있으며, 지각된 용이성이 이용의도에 미치는 효과 역시 여성들이 남성 집단에 비해 더욱 높게 나타났다. 지각된 유용성과 이용의도간의 관계는 여성 집단에 비해 남성 집단에서 그 효과가 더욱 강한 것으로 나타났다. 성별에 따른 경로계수의 차이는 통계적 유의성을 지니고 있는 것으로 확인되었다.

성별에 따른 차이는 개인의 성향에 따라 다양한 영향을 미칠 수 있으며, 사회적인 영향력 또는 유전적인 영향력이 성별에 따른 차이가 나타남을 알 수 있다. 성별에 따른 차이는 개인의 지각에 중요한 요인이며, 여러 요인에 대하여 지각하는 정도에 따라 남성과 여성이 차이를 보일 수 있을 것이다. 이 같은 점을 반영하여 본 연구에서도 모바일 지갑 앱의 지각된 유용성, 지각된 용이성, 지각된 즐거움, 지각된 보안성, 사용자 만족, 지속적 사용과 구전의도에 관해 성별에 따른 조절효과를 검증해 보는 것도 큰 의의가 있다고 하겠다. 본 연구의 대상인 모바일 지갑에 대해서 남성과 여성 사용자집단 간의 사용자 만족, 지속적 사용, 구전의도간의 차이를 보일 것으로 추론하고 연구변수에 포함하였다.

III 스마트폰 뱅킹 활성화와 신서비스개발: 하나은행 N Wallet 개발을 중심으로

제1절 연구의 목적

국내 모바일 콘텐츠 시장은 모바일 앱(App)을 중심으로 이용자들의 데이터 소비가 늘어나면서 급격한 시장 성장을 나타내고 있다. 특히 스마트폰으로의 진화에 따라 이용자는 언제, 어디서든 자신이 원하는 콘텐츠를 자유롭게 소비할 수 있게 됨으로써 기업들은 스마트폰을 기반을 둔 비즈니스 활성화를 위해 새로운 콘텐츠와 서비스개발을 강화하고 있다(김진백, 2011). 스마트폰은 컴퓨터와 같은 고급기능을 제공하는 스마트 기술의 휴대전화로 PC와 휴대전화를 합친 기계라 할 수 있다. 그 때문에 같은 OS(Operating System) 끼리는 응용 소프트웨어 호환이 되는 경우가 많아 개발자 입장에서는 플랫폼(Platform) 규격화에 의해 전화기능 뿐만 아니라 앱(Application)을 개발할 수 있으며, 사용자 입장에서는 앱을 통해 인터넷과 PC를 거치지 않고 스마트폰에서 자유롭게 다양한 서비스를 받을 수 있다. 결국, 이러한 편리성을 기반을 둔 스마트폰의 급격한 사용 확대는 금융 시장 환경의 변화로 이어지고 있으며, 현재 많은 금융 기업들이 스마트폰 뱅킹의 다양한 금융 거래 신서비스 제공을 위해 노력하고 있다. 이러한 스마트폰 기반의 신서비스들은 단기적으로 타 금융사와의 차별을 통해 고객 유치를 위한 마케팅 수단으로 활용될 수 있으며, 장기적으로는 오프라인이나 PC 뱅킹을 대체하는 새로운 금융 거래 플랫폼으로 신시장 창출 및 비즈니스 확대를 위해 이용될 수 있다(김병도 · 전종근, 2011). 그 중에서도 최근 다양한 금융 서비스를 하나로 통합하여 편리한 금융 거래를 제공하는 모바일 지갑 서비스의 경우 스마트폰 뱅킹 활성화를 이끄는 금융 서비스로 인식되고 있으며, 지속해서 사용자 확대에 따른 뚜렷한 시장 성장세를 나타내고 있는 서비스 중 하나이다(이승창 · 이상훈, 2005).

이에 본 연구에서는 금융 3.0 시대를 맞이하여 급성장하고 있는 스마트폰 뱅킹 시장 내 모바일 지갑 서비스 현황을 살펴보고, 금융 기업의 모바일뱅킹 활성화를 위한 신서비스개발 측면에서 모바일 지갑 서비스 성공 사례를 분석하여 구체적인 모바일 지갑 서비스 성공 요인과 스마트폰 기반의 신서비스 금융상품 개발 전략을 위한 시사점을 제안하고자 한다. 현재 국내 금융권에서 운영하고 있는 모바일 지갑 서비스는 은행권 부분에서는 N Wallet, 신한은행의 Zoomoney, 기업은행의 모바일 머니가 운용되고 있으며, 카드사의 경우 하나 SK 카드 모바일 앱, 신한카드 스마트 Wallet, 삼성카드 m 포켓이 있다. 이 중 2012년 세계적인 금융지 'The Banker'로부터 아시아 금융기관 최초로 '기술혁신 부분 대상', '개인금융 혁신 대상', '지급 결제 서비스 혁신대상'의 3개 부분을 동시에 수상한 가장 대표적인 금융 기업의 모바일 지갑 사례인 'N Wallet'을 연구 대상으로 선택하였다. 그리고 이를 위해 'N Wallet' 서비스개발팀 내부 자료와 관련 조직원들의 인터뷰를 통해 Woods & Catanzaro(1988)가 제시한 사례 분석 방법에 따라 서비스개발에 대한 내용을 시간적 흐름에 따라 전개하여 살펴보고, 신서비스개발의 성공적 측면을 고찰하기 위해 Menor & Roth(2007)가 제시한 다섯 가지 핵심 요인을 기반으로 '개발 프로세스 측면', '서비스 전략 설계 측면', '시장 지향적 측면', '서비스개발 문화 측면', '정보기술 사용 측면'에서 사례를 분석하였다.

제2절 신서비스개발 배경

금융서비스의 패러다임이 빠르게 변화 하면서 새로운 서비스를 촉진하고 있다. 공급자 중심의 매장형으로 이루어지던 금융 1.0의 서비스 제공 패러다임은 인터넷 발전으로 온라인 뱅킹을 통해 발전했던 금융 2.0의 시대를 넘어 이제 스마트폰 활성화에 의해 고객이 장소와 시간에 상관없이 다양한 금융 채널을 활용해 원하는 서비스를 받을 수 있는 금융환경으로 전환되고 있다. 이에 스마트폰 금융을 중심으로 한 금융 3.0 환경은 소비자가 스스로 스마트폰 뱅킹을 통해 상품을 생산하고 동시에 소비하는 생산 소비자 주도의 금융 환경으로 전환되고 있다. 금융 3.0시대에는 개인소유의 휴대전화는 채널이 되고, 상황에 기반으로 개인별 맞춤서비스 시대를 재촉하고 있다. 이에 따라 온라인과 오프라인을 연계하는 옴니채널 전략이 필요하게 되었다.

| 표 5 | 금융환경 변화

금융 1.0	금융 2.0	금융 3.0
공급자 중심의 금융 서비스	소비자 중심의 금융 서비스	생산소비자주도의 금융서비스
매장 중심의 채널 운용 IT 운용 및 비용 효율화 사일로(Silo)형 고객정보 활용	비대면 채널의 확대 채널 중심으로 고객 분화 비용/효율 중심의 채널 전략	개전(個電)기기의 채널 역할 상황에 기반 서비스 수요 멀티채널 통합/연계 요구 개인화의 고객경험 제고

한국은행에 따르면 2014년 12월 기준으로 금융 서비스 중 입출금 및 자금 이체 거래는 창구의 대면 거래 12.2%, 비대면 채널 87.8%이며, 세부적으로는 CD/ATM 40.6%, 인터넷뱅킹 34.1%, 텔레뱅킹 13.1%, 창구 12.2% 순으로 나타났다. 조회 서비스는 대면 거래 15.9%, 비대면 거래 84.1%이며, 세부적으로는 인터넷뱅킹 73.8%, 창구 15.9%, 텔레뱅킹 5.9%, CD/ATM 4.5% 순으로 인터넷뱅킹을 통한 거래 창구가 가장 우선하여 이용되고 있다.

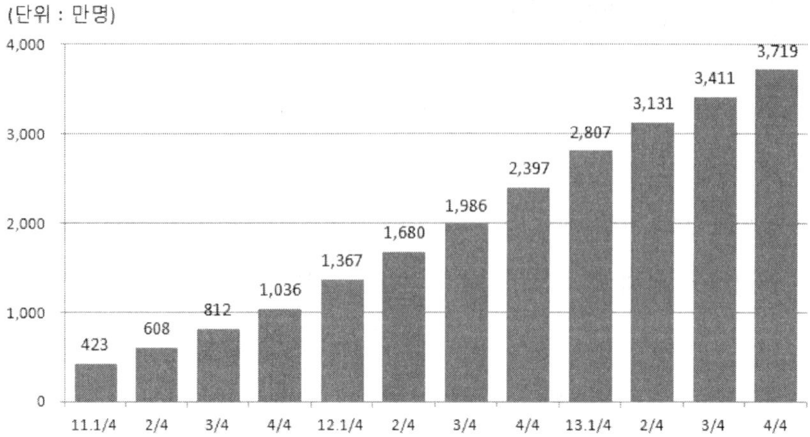

┃그림 13┃ 스마트폰 기반 모바일뱅킹 등록 고객 수 추이

2013년 4분기를 기점으로 인터넷뱅킹 등록 고객 수는 9,549만 명으로 개인 8,979만 명, 법인 570만 곳을 기록하였다. 이중 스마트폰 기반 모바일뱅킹 사용 고객 수는 3,719만 명으로 인터넷뱅킹 중에서도 절대적인 우위를 점하고 있다. 스마트폰 뱅킹의 사용 실태를 살펴보면 이용건수(일평균) 2,130만 건, 이용금액(일평균) 1조 3,694억 원으로 전체 인터넷뱅킹 중 이용건수 기준 39.2%, 이용금액 기준 4.1%의 비중을 차지하고 있다. 스마트폰 뱅킹의 이용건수 비중 역시 2010년 2.7%, 2011년 15.1%, 2012년 28.0%, 2013년 39.2%로 지속적인 성장 추세를 보이고 있어 금융 시장에서 스마트폰 뱅킹의 중요성은 더욱 가속화될 것으로 전망된다(한국은행, 2014). 스마트폰 뱅킹 서비스(smartphone banking service)란 '무선인터넷 접속이 가능한 휴대폰으로 상품 가입, 계좌 정보 조회, 계좌이체, 대출 등의 은행서비스를 이용하는 것'을 의미한다(김민수 · 전진호, 2011). 스마트폰의 빠른 확산으로 인해 은행권은 예금 조회 및 이체, 신용카드, 지로납부 등과 같은 기존 인터넷뱅킹에서 제공하는 기본적인 뱅킹 서비스들을 스마트폰 기반으로 제공하는데 있어 그 어느 때보다 민첩하고 치열하게 대응하고 있다(정화용, 2010), 스마트폰의 하드웨어적 고성능화와 다양한 방식의 개방형 접속 환경의 지원과 함께 이동 통신사들도 무선 데이터 통신 기반에 대한 투자를 확대하고 있으며, 이에 따라 스마트폰 사용자들의 경우 데이터 정액제가 적용됨에 따라 비용 부담에 대한 심리적 장벽이 낮아졌다. 스마트폰 OS 중심으로 개방된 앱 마켓에 의해 자유롭게 앱을 사용할 수 있는 환경에 힘입어 스마트폰을 기반으로 인터넷뱅킹은 빠른 속도로 활성화 되고 있는 것이다(권기덕, 2010).

기존 인터넷뱅킹을 VM(Virtual Machine) 방식의 모바일뱅킹으로 구현하던 초기 스마트폰 뱅킹과는 달리 최근 스마트폰 뱅킹은 증강현실, 범프(Bump), QR(Quick Response) 코드, LBS(Location Based Service) 등과 같은 스마트폰이 다양한 기술과 앱(APP)을 활용한 결제 서비스개발 등에 의해 발전되고 있다(김영택 · 오종철, 2007), 특히 스마트폰 기기를 활용한 지급 결제 서비스도 빠른 속도로 발전하고 있는데, 모바일뱅킹(자금이체), 모바일 카드, 모바일 지갑, 휴대폰 소액결제 등은 전통적인 지급수단을 보완하는 형태로 출발하였으나, 스마트폰이 확대되면서 점차 차별화된 지급수단의 모습으로 진화하고 있다(이동규, 2013), 금융산업의 스마트폰 활용영역은 온라인 서비스의 모바일화, NFC(Near Field Communication) 기반 서비스, 이동형 NFC 기반 서비스, 모바일 특화 서비스로 나눌 수 있는데, 온라인 서비스를 PC 대신 스마트폰에서 구현하는 온라인 서비스의 모바일화를 넘어 TM(Telemarketing) 지점, 신용카드나 전자지갑을 통한 결제 형식의 이동형 NFC 기반 서비스로 발전되었다. 그리고 다시 최근에는 QR코드나 기프트콘 등을 활용한 모바일 특화 서비스가 강화되고 있는 특징을 보이고 있다(이주완, 2012).

| 표 6 | 금융 산업의 스마트폰 활용영역

활용영역	활용분야
온라인 서비스의 모바일화	뱅킹, 결제, 수수료 사업, 주식, 보험, 펀드
고착형 NFC 기반 서비스	스마트 브랜치, Shop-in-Shop
이동형 NFC 기반 서비스	소액결제(Wallet), 일반 결제(신용카드)
모바일 특화 서비스	QR코드, 기프티콘, 무환전 서비스

스마트폰 뱅킹을 기반으로 한 새로운 금융 환경 내에서 현재 많은 금융 기업들 역시 고객지향적인 신서비스개발을 위해 전략적 계획, 아이디어 창출, 아이디어 스크리닝, 사업성 분석 등 알맞은 프로세스와 자원배분 및 업무에 효율성에 대한 요인을 고려하여 서비스개발을 이루어야 한다(Alam & Perry, 2002; Cooper & Edgett, 1996). Heskett & Hart(1990)는 소비자의 편익이나 만족을 목적으로 인간 또는 설비와의 상호작용을 통하여 제공하는 무형의 행위를 서비스라고 정의했다. Kotler(1996)는 소유권의 발생을 수반하지 않고 상대방에게 제공될 수 있는 본질적으로 무형적인 효용이나 활동으로 정의한 바 있다. 이러한 서비스개발에 대하여 전통적인 산업분야에서는 가장 기본적으로 과거의 서비스 시스템을 분석하고 발전시켜 새로운 서비스를 창출하는 것으로 고려돼 왔다. 이를 위해서 서비스 디자인을 위한 다양한 프레임워크들이 개발되었고, 고객의 경험이나 요구 사항의 반영을 통하여 새로운 서비스가 창출될 수 있으며 조직에서 발생하는 새로운 서비스에 대한 필요에 의해서도 창출될 수 있다는 관점의 연구들이 진행되고 있다(Tax & Stuart, 1997), 이렇게 신서비스개발 성공 요인으로 Avlonitis, Papastathopoulou, & Gounaris(2001)는 서비스의 장점, 마케팅, 시장의 속성, 협동하는 환경, 프로세스를 강조했다. Lovelock(1983)과 Griffin(1997)은 태스크포스팀(Task Force Team)의 중요성을 강조하였다. Johne & Storey(1998)은 고객의 참여 여부가 중요한 요인이 된다고 하였다. Johne(2002)와 Lovelock(1983)은 성공요인으로 개발 스텝, 고객 접점 스텝, 고객이라고 보았고, 개발 스텝의 경험 부족이나 기술의 부족이 서비스개발에서 중요한 장애요인이라고 지적했다. 특히, 효과적인 서비스개발이 되기 위해서는 업무를 기회분석 프로젝트 개발, 서비스 제공의 공식화 등이 중요하다고 설명했다. 그리고 Menor & Roth(2007)은 신서비스개발 역량이 성과에 미치는 핵심 요인으로 신서비스 프로세스 초점, 시장에 대한 민감함, 신서비스 전략, 신서비스 문화, 정보기술의 경험을 제시한 바 있다.

제3절 하나은행 N Wallet 개발 배경

하나은행은 1971년 단자(短資) 회사로 설립된 한국 투자금융을 모태로 하여 1991년 하나은행으로 출범하였다. 1998년 충청은행 인수, 1999년 보람은행과 합병, 2002년 서울은행 합병을 통해 지속적인 성장을 해 왔으며, 2005년 하나금융그룹으로 전환 이후 2011년까지 7년 연속으로 "Euromoney 지(誌)"에 의해 한국 최우수 프라이빗 뱅크(Best Private Bank In Korea)로 선정되는 등 PB(Private Banking) 분야의 국내 선도은행으로 자리를 잡고 있다. 하나금융그룹은 2015년까지 아시아 기반의 글로벌 금융그룹으로 도약하는 것을 전략 목표로 하고 있으며, 금융 파트너로서의 고객만족 추구, Business 파트너로서의 주주 가치 극대화, 즐거운 직장으로서의 직원가치 창조, 금융 선도 기업으로서의 사회적 책임 구현이라는 미션을 추구하고 있다. 이에 2009년을 전후로 하나은행은 IT 기술에 의해 재구성될 금융환경을 리드하기 위해 선도적으로 스마트폰 뱅킹 서비스를 시작하였고, 2009년 12월 한국 최초의 스마트폰 금융 서비스 인 '하나 N Bank'를 선보였다. 또한 국내 금융회사 최초로 개인 자산관리 앱 '하나 N Money'를 출시했으며, 출시 한 달 만에 20만 다운로드를 기록하며 한국 앱스토어 파이낸스 부분 선두가 되었다. 2010년 8월에는 본 지사 간 자금업무 및 자금 관리 결재권자가 외부에서도 스마트폰을 통해 자금의 이동을 승인하는 기능 등 기업이 필요로 하는 특화 기능을 제공하는 한국 최초로 기업용 금융 앱인 '하나 N CBS'를 출시함으로서 스마트 금융 리더의 자리를 확고히 했다.

2011년부터 시장과 언론의 집중 조명을 받아온 NFC와 모바일 지갑은 신용카드 회사를 비롯한 많은 금융기관들의 스마트 서비스의 중심이 되었다. 글로벌 시장에서는 구글의 모바일 지갑이 신용카드를 중심으로 파일럿 프로젝트 형태로 추진하였고, Visa와 Paypal 등이 모바일 지불(Mobile Payment) 시장에 적극적으로 참여하기 시작했다. 이러한 배경 아래서 스마트 디바이스를 활용한 신규사업과 관련하여 '계좌 기반의 선불충전(Prepaid Card)' 형태의 시장을 주목하고 있었던 하나은행은 시장 트렌드에 발맞춰 2012년 2월 은행권 최초로 'N Wallet'을 출시하였다.

N Wallet 서비스는 현재 은행이 자행 고객기반의 금융 서비스라는 한계를 넘어 타행고객까지 망라할 수 있는 독립된 형태의 서비스로 뱅킹 비즈니스에서 스마트 비즈니스로 확대된 스마트 서비스 형태로 개발되었다. 단순히 핸드폰 번호만으로 P2P(Peer-to-Peer) 이체 및 소액 결제가 가능하게 구성하였으며, 은행의 장점을 이용하여 하나은행의 현금 자동입출금기(Automatic Teller's Machine) 네트워크에서 핸드폰을 이용한 현금 인출 기능을 사용할 수 있다. 은행 계좌 기반 서비스 및 HFG(Hana Financial Group) 인프라를 바탕으로 통신사나 카드사의 모바일 지갑과 차별화하여, 자체 강점을 강화하고, 국내외 시장 주도 기업과의 제휴를 통해 타 서비스 대비 우위의 경쟁력을 확보함으로써 시장 지배력을 넓히고자 했다.

당시 개발을 주도했던 신사업추진부 한준성 본부장은 프로젝트의 목적을 다음과 같이 설명했다.

"N Wallet은 단순한 홍보 측면의 서비스 제공 목표를 넘어 스마트폰 세대가 가장 원하는 방식의 금융 서비스를 제공하기 위하여 개발되었습니다. 각종 마트나 편의점 등의 오프라인 매장에서도 편리한 결제가 가능하도록 관련 기반을 지속적으로 확대해 스마트폰 뱅킹 시장을 확대해 나가고자 했습니다."

특히 N Wallet 서비스개발은 스마트폰 지급 결제 시장 성장이 주요 개발 배경으로 작용했다. 스마트폰의 보급 확산에 따라 국내 모바일 지급 결제 시장은 2012년 8조 2천억 원에서 2016년 80조 원으로 확대가 예상되며, 기존 지급 결제 시장(Payment Gate, 신용카드 등)의 변화가 불가피할 것으로 판단되어 향후 모바일 지급 결제 시장을 선점하기 위해 그 필요성이 대두되면서 시장 확장을 목표로 한 서비스 상품 개발이 필요했다.

또한 스마트폰 이용 문화 성숙이 이루어짐에 따라 스마트폰 이용 확산 및 이용

문화의 성숙에 따라 기존 금융 고객의 뱅킹 서비스뿐 만 아니라 복합적인 금융 서비스를 이용하고자 하는 욕구가 발생하여 간편한 이체와 결제, 구매 서비스를 기대하는 고객의 니즈에 강화되었다. 결국 이러한 시장 환경은 더욱 가속화될 것이며, 이러한 시장을 선도할 수 있는 서비스를 고려하게 되었다. 이에 하나은행은 새로운 스마트폰 기반 N Wallet 서비스를 개발하여 거래가 없는 타행 거래 고객을 유인할 수 있는 새로운 채널로서 그리고 기존 고객들에게 새로운 서비스를 제공하여 충성도를 높이기 위한 방안으로서 서비스개발을 추진하게 된다.

제4절 신서비스 개발 성공요인 분석

4.1 개발 프로세스 측면

하나은행은 2011년 하반기 기업 내 시장 트렌드 조사를 통해 최근 비대면 뱅킹 채널의 진화 및 다양한 금융 서비스에 대한 고객 니즈가 확대되고 있다는 사실을 발견하게 된다. 고객의 니즈와 금융 서비스 콘텐츠 간의 격차 발생으로 고객 유입 및 사용 활성화가 미흡한 상황에서 하나은행은 선진 미래 지향적 금융기업 이미지 강화와 서비스 제공을 위하여 고객 니즈 기반의 혁신적인 금융 서비스개발을 추진한다. 이에 2011년 10월 전문 외부 컨설팅업체와 함께 고객 니즈 기반의 혁신적인 UX(User Experience) 개발 방향을 설정하기 위한 시장 조사를 계획하고 적극적으로 조사 프로젝트를 진행하였다. 조사 프로젝트를 거쳐 스마트폰 뱅킹, 자산 관리서비스, 모바일 지갑 서비스에 대한 3가지 서비스 상품이 논의되었는데, 차세대 화폐(결제) 서비스의 영역에서 고객 유입 및 사용성을 제고하여 최종적으로 N Wallet 개발이 신사업 추진 부에 의해서 주도되었다. 한준성 본부장(현 하나금융 지주 미래 금융 지원팀 담당 상무)이 총괄을 담당하였고, 모바일 지갑 서비스 프로젝트는 김경호 팀장(현 하나금융 지주 미래 금융 지원

팀장) 외 3명을 중심으로 초기 태스크포스팀(Task Force Team)을 구성하였다. 당시 개발을 주도했던 신 사업추진부의 한준성 본부장은 다음과 같이 설명했다.

"스마트폰이 등장한 이후 생겨난 금융시장 변화를 어떻게 파악했느냐에 따라 결과가 달라집니다. 스마트 금융을 외친다고 해서 기존 금융이 갑자기 똑똑해지는 것은 아닙니다. 스마트폰을 통해서 어떤 금융 서비스가 가능한지를 이해하고 파악하는 것이 바로 모바일 전자 지급 결제 시장에서 살아나는 길이라고 생각했습니다. 조사해보니 사람들은 내 주변 맛집 검색, 목적지에 빨리 도착하는 법등 실시간 문제해결을 위해 스마트 기기를 사용하고 있었습니다. 단순 정보 검색이 아니라 문제해결을 위해 기기를 이용하는 것, 금융업계가 주목해야 할 대목이었습니다. 고객에게 단순히 모바일 기기로 금융상품을 전달하고 서비스해 봤자 매출이 오를리 없기 때문에 고객이 겪고 있는 문제를 해결할 수 있는 금융상품을 선보이는 것, 이것이 바로 핵심이라는 사실을 발견했습니다."

구글, 애플, 페이스북이 준비하고 있는 단순한 금융거래를 대체하는 신서비스가 아니라 새로운 기술의 서비스를 개발하여 금융 이용 트렌드를 바꾸는 것으로 서비스개발 목표를 설정하였다. 이에 프로젝트의 주안점은 진정으로 고객이 원하는 모바일 지갑을 개발하는 것으로 집중되었고, 고객이 원하는 서비스를 집약하기 위해 2개월 이상 미디어랩 내에서 전자지갑이 무엇인지를 이해하는 과정과 사용자 관찰 과정 및 실험을 진행하였다. 이러한 과정에 대해 김경호 팀장은 다음과 같이 회상한다.

"프로젝트 개발 이후 유지 보수와 지속적인 업그레이드 등을 고려해 철저한 인하우스 프로젝트를 염두에 두고 개발을 진행하였습니다. 대부분의 프로젝트들이 개발의 편의와 진행 속도를 감안하여 외부에 일괄 수주 방식(Turnkey 방식)으로 프로젝트를 진행하는데 반해 본 프로젝트에서는 개발 이후의 유지 보수 및 보안 유지를 위해서 비즈니스 기획에서 IA(Intellectual Architecture), 디자인, 개발 그리고 검수 과정에서 필요한 모듈(Module)만을 외부업체에 아웃소싱을 하되 철저히 프로젝트 팀에서 주관함으로써 개발 이후 유지 보수와 보안의 문제를 해결할 수 있도록 하였습니다."

결과적으로 생산자 중심의 개발이 아닌 철저하게 고객 중심 서비스 상품 개발을 목표함으로써 그에 알맞은 조직 구성과 아웃소싱 전략이 계획되었고, 이는 결국 프로젝트의 효율성과 함께 성공적인 서비스개발을 이끌어냈다. 이는 금융서비스 상품 역시 스마트폰을 통해 개인화되는 시장 환경에 맞춰 사용자 중심 개발 프로세스가 중요한 성공 요인이 될 수 있음을 보여 주었다. 특히 N Wallet 서비스의 경우 일반적으로 아웃소싱을 통한 기술 개발이나 프로젝트 추진이 일반화되어 있는 기업 환경에 따르지 않고, 더욱 독창적이고 새로운 신서비스개발을 위해 자체 개발 프로세스를 설계하여 추진함으로써 서비스의 혁신성과 차별성을 높임과 동시에 개발 이후 프로젝트 관리와 유지까지 책임지는 통합 프로세스 시스템을 기업 내부에 장착하여 서비스의 지속적인 경쟁력 구축을 이루었다는데 그 성공 요인을 살펴볼 수 있겠다.

4.2 서비스 전략 설계 측면

N Wallet은 선불 충전을 통하여 개인 간 송금과 모바일 결제 서비스의 이용이 가능한 신개념 모바일 지갑 서비스로 가입 조건의 제약 없이 누구나 간편하게 이용 가능하며, 폭넓은 가망 고객 군의 니즈 사용이 가능한 '충전하기', '보내요/주세요', '결제하기', '출금하기', '환불하기'의 서비스 메뉴들로 설계되었다. 충전하기 단계에서는 모바일 화폐 '캐시넛'은 가상 계좌에 선불 방식으로 충전하여 사용하며, 타행 이용 고객의 경우 이체를 통해서, 하나은행 계좌 보유 고객의 경우, 직접 충전 및 자동 충전 설정 등을 통해 편리하게 이용 가능하도록 구현했다. 또한 '보내요/주세요' 송금 서비스의 경우 휴대전화 번호만으로 이용 가능한 송금 서비스(P2P)를 '지급(보내요)'와 '지급 요청(주세요)'가 가능한 양방향 서비스로 제공하였으며, N Wallet 회원이 아니더라도 사용할 수 있도록 하여 고객들의 불편함을 방지했다.

더욱이 충전된 캐시닛을 현금처럼 사용할 수 있도록 캐시닛 잔액은 은행 계좌 또는 ATM 기기로 현금화가 가능하도록 하고, 현금카드나 뱅킹 서비스보다 더 간결하게 출금이나 환불을 할 수 있는 서비스를 제공했다. 캐시닛의 계좌 환불은 본인 명의 하나은행 또는 타 은행 계좌로까지 환불이 가능토록 하였으며, ATM 출금은 PIN번호, 인증번호만으로 하나은행과 외환은행 ATM 기기에서 현금으로 출금이 가능하도록 〈그림 14 참조〉하였다.

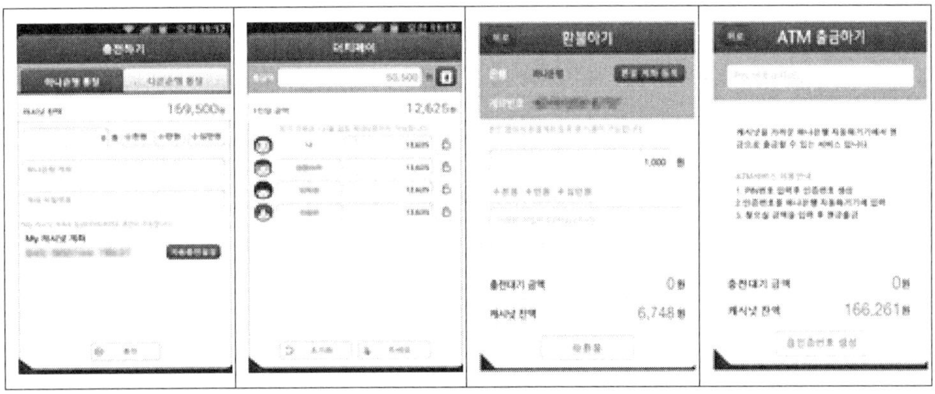

┃그림 14┃ N Wallet 캐시닛

특히 고객의 모바일 지갑의 지속적 사용 강화를 위해 다양한 고객 의견을 반영한 서비스를 제공했는데, 이에 대해 김경호 팀장은 다음과 같이 설명한다.

"고객들의 사용상을 면밀하게 조사하여 그에 알맞은 서비스를 제공하기 위해 노력했는데, 특히 고객 편리성 강화를 위해 '보내요/주세요', '더치페이', '복불복 게임', '용돈 주기' 기능을 만들었고, 쿠폰과 상품권을 구입하여 결제하거나 선물하기 기능을 추가하였습니다."

'캐시닛 톡톡' 시스템을 만들어 캐시닛을 주고받았던 사람들을 최근 순으로 정렬하여 보여주고, 이름을 터치하면 캐시닛 요청 내용들을 타임라인 형태의 대화창을 통해서 시간 순서대로 확인할 수는 서비스를 제공했다. 또한 '조회하기'를 클릭하면 현재 잔액을 상단에서 쉽게 할인할 수 있으며, 거래 내용과 기간을 설정하여 입금된 내역, 출금한 내역, 1개월 단위로 거래내역을 조회할 수 있는 편리함을 제공했다. '더치페이' 서비스는 함께 했던 친구들에게 캐시닛 입금을 요청하는 메뉴로 총 금액을 입력하고 참가인원을 추가하면 자동으로 금액을 나눠 결제할 수 있는 서비스이다. '복불복 게임'은 최대 6명이 총 금액을 설정하고 친구를 설정하면 룰렛 판이 형성되어 재미를 통해 금액 결제나 캐시닛 입금 등을 연결하여 서비스의 오락성을 높일 수 있도록 개발되었다. 또한 체크카드나 후불식 교통카드 등에 익숙한 생활방식에서 충전식 선불카드는 충전 단계를 거치는 번거로움이 따른다는 점에 착안하여 현금 충전 시 할인 및 보너스를 제공하는 인센티브 제도를 도입함으로써 지속적인 사용을 유도할 수 있도록 마일리지 제도를 구축했으며, 휴면 신용카드나 포인트 카드의 보관처의 역할로써 모바일 지갑을 활용할 수 있도록 자주 사용하는 신용카드와 포인트 카드를 묶어서 보관할 수 있는 폴더를 사용자가 직접 만들 수 있는 옵션을 제공하였다.

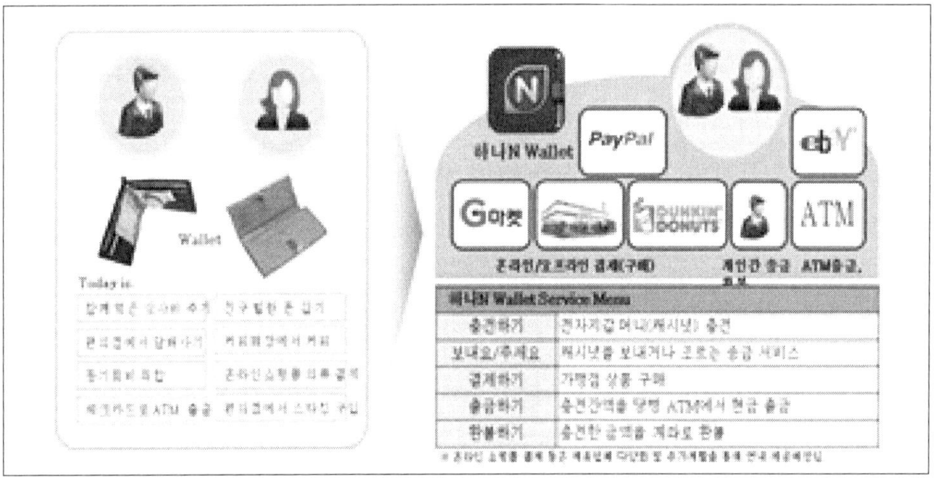

❙그림 15❙ N Wallet을 통한 금융거래 메뉴

나아가 신용카드와 멤버십 카드와의 연계를 통한 결제 단계 간소화 서비스를 제공했고, 스타벅스, 버거킹 등 다양한 쿠폰이 발생하는 주요 브랜드 오프라인 매장용 결제 쿠폰과 바코드 보관까지 사용 활성화를 고려하여 쿠폰 Shop를 운영하고 쿠폰 Shop에서 관련 쿠폰을 구매 시 할인된 금액으로 구매가 가능하도록 함으로써 소비자들의 관심과 사용을 〈그림 15〉 유도했다. 결국 캐시넛 충전과 현금화는 물론 타 은행과의 서비스 호환성과 편리성까지 고려하여 서비스함으로써 모바일 지갑이 불편하거나 번거롭다는 사용자들의 인식을 감소시킬 수 있도록 했으며, 불편함을 초래할 수 있는 요소들을 인센티브나 마일리지 연계로 소비자가 N Wallet을 사용하는 프로세스의 모든 접점을 고려한 편리한 서비스들을 설계하여 제공하였다.

4.3 시장 지향성 측면

과거 금융 서비스 상품 선택은 대다수 서비스 자체가 가지는 상품성보다는 금융거래사와의 신뢰나 기존 거래 관계를 중시하는 행태를 나타냈다. 최근 2개 이상의 채널을 통해 정보를 수집하고, 복수의 은행과 거래하면서 필요에 따라 거래관계를 형성하는 고객 트렌드가 강화되면서, 상품 개발 역량 배양을 위해 고객을 분석하고 축적된 고객 데이터를 심층적으로 세분화하여 잠재된 고객 니즈를 파악하는 것이 서비스개발에 중요한 프로세스로 자리 잡게 되었다. 이에 모바일 지갑 서비스를 설계하기 위해 시장 조사를 실시하여 모바일 지갑에 대한 고객의 니즈를 파악하고 서비스의 고객 지향성을 높이고자 했다.

사용자 민감도를 고려하여 지갑 사용 행태를 분석하여 모바일 지갑의 지속적인 사용 유도 방안을 모색했다. 남성의 경우 뒷주머니에 지갑을 넣고 다니기 때문에 무거우면 바지가 늘어나거나 불편하여 최대한 내용물을 슬림화해서 소지하고자 하는 경향을 나타냈다. 반면, 여성의 경우 혹시 모를 경우를 대비해서 한 개의 큰 지갑이나 별도의 카드지갑을 사용해서라도 필요한 소지품을 모두 넣어가지고 다니는 성향이 강했다. 특히 20대 직장 여성의 경우 카드가 많아서 장지갑으로 바꾸는 경향이 강했고, 카드 지갑을 별도로 소지했다. 30대 전업주부의 경우 언제 쓸지 모를 경우를 대비해 본인이 보유한 체크카드, 신용카드(카드사별 혜택 때문), 쿠폰이나 상품권, 은행 보안카드, 의료 보험카드 등을 모두 가지고 다니는 것으로 파악되었다. 더욱이 모바일 지갑에 대한 인식은 20~30대 연령층 일부에서 신용카드, 포인트 카드 등이 모바일 형태로 인식하고 있었으나 전반적으로 모든 고객층에 걸쳐 모바일 지갑의 구체적인 지식이나 관심은 높지 않은 것으로 나타났다.

여러 종류의 카드를 간편하게 가지고 다닐 수 있다는 측면에서는 긍정적 반응을 보였으나, 인프라(Infra structure) 구축이 되어 있지 않아 사용처가 제한될 수 있으며, 보안상의 문제, 개인 정보의 유출에 대한 염려로 인해 적극적인 사용에 대해서는 부정적 인식을 〈그림 16〉 보였다.

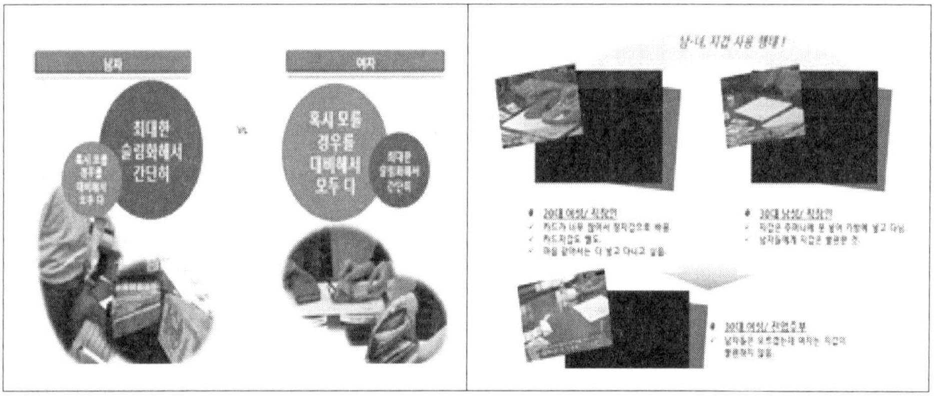

▌그림 16▐ 지갑사용 실태

이러한 고객 조사 내용을 바탕으로 서비스 시스템의 편리성을 높이기 위한 다양한 아이디어를 활용하였으며, 특히 개인 정보 유출, 보안에 대한 불안감 해소 방안으로 프로그램 측면에서 비밀번호, 잠금 기능 등 보안을 강조하여 서비스개발을 이룰 수 있었다. 동시에 마케팅적으로는 모바일의 개인 정보 유출 위험으로부터 안전성에 대한 신뢰감을 높이기 위해 모바일 지갑에 등록된 카드 분실 관련 직통 상담전화(Hot line) 개설이나, 관련 ARS 접속 시 안내 멘트(카드 또는 모바일 지갑 분실 상담 안내), 이메일을 통한 상세한 관련 정보 제공하는 지원 방식 등을 서비스개발과 함께 전략화 했다.

4.4 서비스개발 문화 측면

2012년 은행권 스마트폰 모바일 지갑 경쟁이 본격화되면서 하나금융그룹 김정태 회장은 다음과 같이 모바일 지갑 사업에 대한 적극적인 의지를 표명했다.

"오프라인 의존도가 떨어지고 온라인 시장이 확대될 것이라며 현재 모바일 서비스가 미흡한 부분이 있어 시장 성장이 더디지만 네트워크와 바코드 문제 등을 손질하면 조만간 주력채널로 부각할 것입니다. 이에 올해 마케팅 비용의 대부분을 온라인 쪽에 투자하고자 합니다."

이러한 강력한 리더십 아래 하나은행의 스마트폰 금융 비즈니스 비전은 '스마트 기반 비즈니스를 통한 국내 금융 산업 내 Top Leader'를 지향하며, 이를 위해 SNS와 연계한 스마트폰 지급 결제 모델 확산, 소셜 커머스 연계 판매, 기존 뱅킹 서비스의 감성적 리뉴얼, 스마트폰 중심의 멀티채널 연계를 전략 실행의 주요 관계로 선정하는 등 다양한 활동을 추진했다.

특히 효율적 전략 실행을 위한 IT 부문의 지원 및 조직 내부의 스마트 금융에 대한 공감대 형성을 위해 변화되는 고객 트렌드에 대한 이해와 탄력적 대응을 위한 조직 차원의 내부 공감대 조성을 강화했다. 이러한 조직 문화 안에서 초창기의 신서비스개발의 하나였던 N Wallet 개발 프로젝트 역시 기업 내 중요한 프로젝트로 인지되어 적극적인 지원을 받을 수 있었다. 김정태 행장의 후임 은행장인 김종준 행장 역시 스마트 금융의 중요성을 강조하고 이를 이어나갔다, 이에 대해 김종준 행장은 다음과 같이 의지를 피력했다.

"1990년대부터 인터넷이 발달하면서 고객 채널이 전통적인 지점에서 인터넷 뱅킹, 콜센터 등으로 다양화됐습니다. 2000년에는 지점을 통한 거래가

45%, 온라인 거래가 5% 미만이었지만, 현재는 지점 거래가 5%미만, 스마트폰 등 온라인 거래가 70% 이상이 됩니다. 이러한 금융권의 흐름에 맞게 하나은행도 2009년 처음 아이폰이 출시된 시점부터 N Wallet을 출시했으며, N Wallet 국내 스마트 금융을 선도해 나갈 것입니다"

결국 이러한 스마트 금융 시장에 대한 강한 의지는 하나은행이 스마트 금융 신서비스개발에 적극적인 투자로 이어졌고, 그에 따라 금융 신서비스개발에 대한 긍정적인 기업 내 문화와 정책들은 보다 고객 지향적이고 시장을 앞설 수 있는 우수한 모바일 지갑 N Wallet을 개발하는데 있어 중요한 원동력이 되었다.

특히 하나은행은 스마트 금융 우수 직원 조찬 간담회와 같이 스마트 금융을 위한 직원들의 지속적인 교육과 관심 유도를 위한 프로그램들을 제공하고 있다. 스마트 금융 서비스와 채널을 은행 신서비스 비즈니스 핵심 전략으로 강화하는 만큼 하나은행은 단순한 신상품과 서비스개발을 넘어 직원들의 관심을 통한 고객 기반 강화를 중요하게 고려하고 있다.

금융 서비스 또한 다른 기술들처럼 쉽게 모방될 수 있는 시대인 만큼 경쟁자로부터 유사한 서비스가 출시되더라도 꾸준한 고객 서비스로 충성도를 유지하기 위해서는 고객 접점에서 고객 서비스를 담당하는 내부 조직원들부터 스마트 뱅킹에 대한 자부심과 높은 관심이 필요하다는 하나은행의 조직문화가 결국 N Wallet과 같은 고객 지향적 신서비스를 창출하는데 또 하나의 성공 요인으로 작용했다.

4.5 정보기술사용 측면

N Wallet은 개별 독립 서비스 시스템으로 개발되었지만, 각 기능들을 모듈로 구분하여 다른 앱에 사용할 수 있도록 하는 오픈 정책(Open Policy)을 통해 사용자 확대 전략을 수립하기 위해 카드사, 통신사, 제조사 및 여러 온라인 쇼핑몰과

의 제휴를 모색했다. 이는 N Wallet이 금융 결제를 대행하는 지불 플랫폼의 허브로 자리 잡게 하는 전략으로 전략 구현을 위해 신기술 개발 방향이 아닌 기존에 존재하는 금융 기술들을 조합하고 융합하는 방법을 사용하도록 했다. 이에 N Wallet 서비스를 개발하기 위해 개발팀에서는 다양한 최신 정보 기술들을 조사하고 활용하였다. 이에 대해 김경호 팀장은 다음과 같이 설명한다.

"이미 상용화하기 쉬운 좋은 기술들이 많이 개발된 상태이기 때문에 개별적인 신기술 개발에 시간과 비용을 투자하기보다는 기존 기술들을 활용하여 보다 차별화된 창의적 서비스 시스템을 창출하는 것이 더욱 효과적이라고 판단했습니다. 이에 N Wallet은 최근까지 개발된 IT 기술들의 최적 조합을 통한 지급 결제 플랫폼을 구성하도록 함으로서 은행 계좌나 신용카드 없이도 스마트폰만으로도 자금 이체, 온라인 결제는 물론 해외 송금 서비스까지 가능하게 되었습니다."

| 그림 17 | 캐시넛 결제/충전 및 바코드결제화면

가장 기본적으로 충전 방식의 경우 하나은행 및 외환은행 N Wallet 회원에게 자동으로 가상 계좌가 자동으로 부여되며, 타행 이용 고객은 '캐시넛 계좌'에 이체하는 방법으로 캐시넛 충전이 가능하도록 했다. 이체는 공인인증서 시스템 연동 형식을 활용하였으나, 최소한의 정보제공으로 이용이 가능하도록 조절하였다. 또한 기존 휴대폰 결제 시스템을 활용하여 휴대폰 번호만으로도 현금을 주고 받을 수 있도록 했으며, 간편하게 쿠폰 선물도 가능한 P2P 서비스를 제공했다.

N Wallet 내 쿠폰 및 상품권 Shop은 온라인 결제를 위해 엠틱(M-TIC) 사와 제휴하여 휴대폰 요금이 아닌 충전된 캐시닛으로 결제할 수 있는 시스템을 설정하였다. 결제하는 방법은 온라인 업체 결제방법 중 엠틱 체크 후 결제하기를 선택한 후 약관 동의 후 휴대전화 번호, 간편결제 인증번호를 입력하면 결제가 완료된다. 더욱이 전국 5대 편의점 및 CGV, 도미노 피자 등 대형 프랜차이즈 가맹점, 제주도 관광지(숙박, 맛 집, 테마공원, 관광지, 박물관 등) 등에서 선불 충전된 '캐시닛'을 통해 스마트폰 바코드 방식 결제가 가능하게 했다. 결국, 제휴 업체 결제 수단 시스템을 활용함으로써 업체들은 전문 통신 방식을 사용하기 때문에 제휴를 통한 무한한 확장성을 가질 수 있고 결제수단, 가맹점과 같은 결제 장소, 결제 수단 등이 쉽게 연결되는 구조를 구성하여 제휴와 결제를 동시에 연결할 수 있는 기술 활용도를 높였다.

보안적 측면에서는 공인인증서, 보안카드 등의 실물 보유 없이 전화번호와 이름만으로 간편한 이체가 가능하며, 중앙 서버에서 잔고 관리를 하여 USIM 가치 저장 방식에 비해 스마트폰 분실에 따른 잔액 손실이 없도록 하였다. 또한, 뱅킹 서비스 수준의 백신 프로그램 적용과 인증 절차, PIN 번호 관리를 통한 최고 수준의 보안이 적용되어 있다. 이렇게 N Wallet의 경우 다양한 서비스 제공을 위해 금융 서비스 기술들을 활용하였으나 신기술 개발에 치우치기보다는 기존 기술들을 활용한 상품력 강화에 주력했다는 특징을 나타내고 있다. 특히 금융 서비스로서 갖추어야 하는 보완성을 강조한 기술 설계를 강조하여 스마트폰뱅킹 사용에 대한 부정적 인식을 감소시키기 위한 기술적 노력을 기울였으며, 무엇보다 사용자가 편리성을 고려한 기술 활용과 개발을 전략화 했다.

제5절 개발성과 및 의의

하나은행은 국내 최초 스마트뱅킹 서비스인 '하나 N 뱅크'를 비롯해 자산관리용 가계부 앱인 '하나 N 머니', 외국인 대상 해외송금 서비스 '하나 N 미니' 송금과 모바일 결제가 가능한 선불 충전형 모바일 지갑 서비스 'N Wallet' 등 창의적인 스마트금융 서비스를 잇달아 출시하면서 국내 스마트 금융서비스 선도 기업으로 인정 받아왔다. 특히 선불 충전형 모바일 지갑 서비스인 'N Wallet' 앱은 스마트 금융 서비스를 이끄는 혁신서비스로 디지털 금융 분야 대상인 국무총리상을 수상했으며, 많은 기관으로부터 수상을 함으로써 N Wallet의 우수성을 인정받았다

| 표 7 | N Wallet 서비스 연혁 및 수상내역

일 자	주요 연혁 및 수상내역
2012.02	국내 은행 최초 모바일 지갑서비스 「하나 N Wallet」 서비스 개시
2012.04	제 1회 모바일브랜드 대상 금융서비스부문 대상 수상
2012.06	「하나 N Wallet」 The Banker지 '2012 금융혁신 대상 3관왕 수상'
	(대한민국 은행 최초, 3개 부문 동시 수상은 아시아 금융회사 최초)
2012.07	「하나 N Wallet」, 제 12회 디지털경영혁신 대상 디지털금융부문 대상 수상(국무총리선)
2012.12	「하나 N Wallet」 제 12회 모바일 기술대상 수상(방송통신위원장상)
2013.03	The Asia Banker지 Best Mobile Phone Banking Initiative 최우수상 수상
2013.04	「하나 N Wallet 2.0」 서비스 런칭
2013.07	한국 능률협회 컨설팅(KMC) '2013 The Proud 고객가치 최우수 상품' 금융서비스부문 1위 선정
2013.07	「하나 N Wallet」제13회 대한민국 디지털경영혁신대상수상(대통령상)
2013.1	「하나 N Wallet」을 외환은행과 공동 사용함에 따라 공식 명칭을 「N Wallet」으로 변경함
2013.11	「N Wallet과 원클릭모기지」 BAI(Bank Administration Institute) 글로벌 금융혁신 어워드 2013에서 상품 및 서비스혁신 부문과 창조적 금융 혁신부분 수상

N Wallet은 아직까지 활성화되지 않은 전자 지갑 시장을 선도하는 신서비스 금융 상품으로 인정받고 있으며, 기술 개발중심에서 벗어나 고객지향적 상품 개발을 이룸으로써 캐시넛이라는 충전식 현금을 통한 새로운 금융거래의 문화와 트렌드를 창출했다. 바코드 하나로 바로 결제가 가능하며, 새로운 용돈을 주고받는 방식을 제시하고, 전화번호만으로 송금을 받을 수 있는 새로운 금융 거래 트렌드를 통해 고객들의 스마트폰시대의 금융문화를 선도하고 있다. 하나은행은 '12년 6월 세계적인 금융전문지인 더 뱅커(The Banker)에서 '금융 기술 혁신 대상' 등 총 3개 부문을 아시아 금융회사 최초로 동시 수상에 이어 '디지털 금융 분야 대상'까지 수상함으로써 국내외 스마트금융의 선도은행으로서 위상을 높이게 됐다. 2013년 BAI의 글로벌 금융혁신 어워드의 수상은 미국은 물론 세계 33개국 총 117개 은행에서 200여개가 넘는 혁신 금융서비스를 출품 중 수상함으로써, 하나은행이 스마트 No.1 전략 하에 추진해온 스마트 금융 상품의 경쟁력이 국제적으로도 인정받게 되었다.

제6절 소결론

인터넷에 이은 모바일 중심의 금융 환경이 본격적으로 도래하면서 금융 기업들의 모바일 뱅킹화는 중요한 신서비스 발굴 시장으로 자리 잡고 있다(박주연, 전범수, 2009), 특히 스마트폰 사용 시장이 급증하고, 사용 성숙도가 강화되면서 스마트폰 최적화를 통한 다양한 금융 신서비스들이 소개되고 있는 가운데 스마트폰 무선 융·복합 기술에 따른 금융 거래 모델인 모바일 지갑 서비스 시장 확대가 그 어느 때 보다 주목받고 있다. 이에 본 연구에서는 국내에서 가장 앞서 모바일 지갑 서비스를 개발하고, 시장 트렌드를 이끌고 있는 하나은행의 N Wallet 성공 사례를 통해 모바일 지갑 서비스개발을 위한 성공 요인과 전략적 시사점을 살펴보고자 했다.

N Wallet은 개발 목표부터 단순히 은행 이용자를 위한 새로운 서비스 제공을 넘어 스마트폰 금융거래에 대한 새로운 트렌드를 제공하고, 스마트폰 금융 이용자를 확대하는 시장 선도를 통한 스마트폰 금융 문화 확대에 주안점을 두었다는 특징을 갖는다. 때문에 단순한 서비스 제공 형태를 넘어 구체적인 시장과 사용자 조사를 통한 편리하고 다양한 서비스를 구사하는 통합적인 모바일 지갑을 개발하였고, 이를 위해 충전, 결제, 이체 등 캐시넛이라는 충전 화폐를 통한 편리한 금융 서비스와 지갑이 필요로 하는 저장 및 거래의 모바일이 가진 장점을 극대화한 서비스를 설계하였다. 더욱이 이러한 개발에 대한 기업의 적극적인 지원과 스마트폰을 지향하는 기업 문화의 환경이 뒷받침되었으며, 기업 내부의 핵심 역량을 중심으로 한 내부(In-House) 중심의 개발 프로세스가 설계되어 신기술 개발보다는 기존 기술들을 융·복합하여 편리성을 강조한 서비스를 제공했다는 특징을 가진다.

결국 금융 시장에 불고 있는 스마트폰을 기반을 둔 신서비스개발에 있어 무엇보다 중요한 것은 스마트폰 시장의 고객이 생산 소비자의 특성을 가지는 만큼 시장에서의 사용자의 특성과 서비스 여정을 누구보다 잘 이해하여, 서비스에 대한 사용을 확대할 수 있는 프로세스와 편리성을 제공할 수 있도록 해야 한다(김병도, 전종근, 2011), 이를 위해서는 신기술 개발보다는 기존 기술의 효율적인 사용과 안전과 신뢰를 위한 보완 기술을 더욱 강조할 필요가 있음을 알 수 있다.

또한 개발 프로세스와 서비스 전략에 있어 고객과 시장 조사 및 실험을 통해 생산자 중심이 아닌 고객 중심의 충분한 고려와 서비스 발매 후 발생될 다양한 상황과 사용 프로세스에 대한 예측 및 대비를 기초로 하여 신서비스개발이 이루어져야 함을 보여주고 있다(박재성 · 고준, 2013), 스마트폰 시장은 절대적으로 관계지향적인 소비 시장으로 구성되는 만큼 결국 사용자 기반의 서비스개발은 금융 서비스 상품에서도 중요한 요인이 되며(노은직 · 김보영, 2012), 이는 콘텐츠 개발 측면에서 뿐만 아니라 사용성과 신뢰도 형성에 이르는 다양한 요인들을 고려하여 설계되어야 할 것이다.

오늘날 금융기업의 신서비스개발은 단순히 일회성적인 마케팅 효과를 넘어 새로운 비즈니스 창출을 목표로 하고 있다. 이러한 측면에서 신서비스개발은 새로운 금융 거래 문화와 트렌드를 선도할 수 있어야 하며, 때문에 충분한 개발 투자와 지원이 보장되어야 한다. 이에 하나은행은 적극적인 리더십과 조직문화 그리고 개발 프로세스에 대한 충분한 지원 등을 통해 성공적인 프로젝트를 이끈 사례가 된다. 결국 스마트폰 시장 발생에 따른 홍보 측면이나 현 서비스 강화 및 보완을 목표로 한 단기 전략보다는 시장 선도적 입장에서 장기적인 미래 시장 개척을 감안한 신서비스개발이 고려될 필요가 있음을 알 수 있다.

서비스 중심의 산업 강화와 스마트폰 시장 확대에 따른 금융 3.0 패러다임에서 신서비스개발 환경은 이제 금융기업의 미래 성장 및 생존 전략과 밀접한 연계성을 가지게 된다. 그리고 모바일 지갑과 같이 새롭게 제공되는 다양한 금융 신서비스 상품들은 단순히 오프라인의 기능을 모바일로 대치하는 플랫폼을 넘어 금융 거래의 새로운 방식을 제안하는 혁신 프로세스가 된다. 이에 본 연구는 이러한 금융 산업 내 스마트폰 환경의 도래와 모바일 지갑 서비스를 기반을 둔 신서비스개발에 대한 구체적인 성공사례를 제공함으로써 향후 금융 기업들의 개발 방향과 주요 성공 요인들을 제시했다는 의의를 갖는다.

IV 모바일 지갑 시장 확대를 위한 사용요인에 관한 연구: 제품특성을 중심으로

제1절 연구의 목적과 필요성

휴대폰의 대중화는 기존의 기기들을 스마트폰 안에 융합시키고 있다. 다양한 기능을 갖은 모바일 단말기를 어떻게 인식하느냐에 따라 개인화(Personalization)에 따라 다른 의미를 갖게 된다. 통신사, IT기업, 휴대전화 제조업자, PG(Payment Gate)사, 메신저 기업들과 같은 비금융사업자들이 지급결제시장에 참여하면서 핀테크(Fintech) 선점을 위한 경쟁이 치열해 지고 있다. ICT를 활용한 기존의 뚱뚱한 지갑을 모바일 지갑이 대체하면서 주목 받고 있다. 소비자들의 삶의 중심이 PC에서 모바일으로 이동하면서 소비자들은 실물지갑을 스마트폰 속에 그대로 옮겨 놓은 모바일 지갑(Mobile Wallet) 서비스의 필요성이 강하게 제기되고 있다. 스마트폰을 통해 물건을 사고, 포인트를 적립하고, 할인을 받는 등 결제수단에도 변화가 생기게 되면서 뚱뚱한 지갑 대신 스마트폰을 통해 결제와 동시에 할인을 받고 적립도 할 수 있는 모바일 지갑을 이용하는 소비자들이 크게 늘어나고 있다(이상기 · 김보영, 2015), 국내의 대표적인 통신사의 모바일 지갑인 스마트 웰렛(Smart Wallet)은 2010년 6월 서비스 개시 이후 회원수가 1,450명을 넘어섰다. 금융사와 제조사 등은 모바일 지갑이 실물지갑을 대체함으로서 모바일 애플리케이션 사용고객 수에 따라 시장의 변화가 있을 것으로 예상하고 모바일 지갑의 제공 및 사용 확대에 주력하고 있다.

모바일 지갑 이용자들은 간단하게 애플리케이션을 다운받아 한 번의 설치만으로 다양한 멤버십 카드를 담을 수 있고, 쿠폰을 쉽게 저장하고 사용할 수 있으며, 온라인과 오프라인의 간편결제 및 송금 기능 등을 사용할 수 있다. 모바일을 활용 뱅킹, 증권거래, 쿠폰, 티켓팅, 상품권 등 다양한 금융상품들이 쏟아져 나오고 있으며, 그 중심에 모바일 지갑이 있다(이청아 · 윤혜정 · 이충훈 · 이중정 2015; 이상기 · 김보영 2015), 스마트폰 사용자는 모바일 지갑을 통하여 자신의 스마트폰 안에 각종 결제수단, 멤버십, 할인쿠폰, 카드, 티켓 등을 저장하였다가 고객이 원하는 장소에서, 원하는 시간에 결제에 사용할 수 있다(김서영, 2013).

모바일 지갑(Mobile Wallet)은 기능과 용도가 다양하여 하나로 정의하기는 쉽지 않으나, 금융서비스 글로벌 산업협회인 Mobey Forum은 모바일 지갑(Mobile Wallet)을 "디지털화된 가치를 안전하게 활용할 수 있도록 모바일 기기에 구현된 일종의 기능(Functionality on a mobile device that can securely interact with digitized valuables)"이라 정의하고(Mobey Fourm, 2011) 기능에 따라 모바일 전자상거래(모바일 POS, 쿠폰, 할인서비스, 제품 광고, 멤버십 포인트), 모바일 신분증(학생증, 사원증, 출입증, 접근통제), 모바일 지갑결제(근거리 결제: 신용/선불/직불 카드 등, 원거리 결제: P2B, P2P, B2B, G2B), 모바일 뱅킹(고지서 납부, 현금입출금, 계좌정보 조회, 금융투자, 자산관리)로 분류하였다. 모바일을 통한 선물 구매시 긍정적인 영향을 끼치는 요인은 상대적 이점, 적합성, 유희성이다(Hu & Choi, 2014), 본 연구의 모바일 지갑은 "모바일 카드, 모바일 전자화폐 등 기존의 모바일 지급수단과 쿠폰, 멤버십 포인트 등의 부가서비스를 조합하여 서비스를 제공하는 모바일 애플리케이션"이라고 정의하였다. 모바일 지갑은 모바일 멤버십카드, 모바일 쿠폰, 지급결제 및 소액송금 기능으로 구성되어 있어 사용자들의 편리성과 경제적인 생활에 많은 도움을 주고 있다. 그러나 이러한 상황에도 불구하고 시스템 구현과 같은 기술적 개발과 관련된 연구는 많으나(탁승호, 1997; 송상헌 · 김충길 · 류재철 1998) 모바일 지갑의 이용자인 소비자에 관한 연구(이청하 · 윤혜정 · 이충훈 · 이중정, 2015; 이상기 · 김보영, 2015)는 적은 실정이다. 2013년 마크로밀엠브레인(2013)에 따르면 모바일 지갑 인지율은 81.0%로 매우 높은 편이다. 그럼에도 불구하고 실제 사용률은 높지 않은 것으로 알려져 있다. 본 연구는 그 원인을 찾아보고자 한다. 본 연구에서는 확장된 TAM(Extended Technology Acceptance Model)을 바탕으로 SPSS 22와 AMOS 22를 사용하여 모바일 지갑의 사용요인에 영향을 미치는 원인을 규명하고자 한다.

모바일 지갑의 사용요인 주요 변수를 추출하기 위해 Play Store에서 통신사와 금융사의 이용후기를 이용하였다. 통신사는 SKT의 '시럽'을 대상으로 2014. 11. 18부터 2015. 1.7까지의 776개의 이용후기를 다운로드하여 분석에 이용하였다. 금융사는 KEB하나은행의 'N 월렛'과 금융결제원이 주도하고 13개 은행이 참여하는 뱅크월렛카카오를 다운로드하여 분석에 사용하였다. KEB하나은행의 'N 월렛'은 2012. 2. 3부터 2015. 4. 6까지 291개의 이용후기를, 뱅크월렛카카오는 2014. 11. 21부터 2015. 1. 16까지 1,037개의 이용후기를 이용하여 분류하였다. 총 2,104개의 이용후기를 이용하여 모바일 지갑 사용자이 모바일 지갑의 제품으로부터 추구하는 바가 무엇인지를 분류 하였다. 분류는 전문성을 높이고자 모바일 지갑 업무 담당자 2인이 참여 하였다. 긍정적인 사용요인이 추출된 616개의 이용후기를 대상으로 모바일 지갑의 제품특성요인으로 편리성(57.6%), 경제성(40.6%), UI(1.8%)로 나타났다. 이와 같이 편리성과 경제성이 모바일 지갑의 주요한 사용요인으로 판명됨에 따라 이 두 변수를 사용요인의 주요한 변수로 선정하였다. 아울러 모바일의 개인화와 위치확인성을 반영한 개념이다(Durlacher, 2001), 모바일 지갑 초기 출시의 사용후기를 분석대상으로 삼아서 상황기반제공성은 추출되지 않았으나, 사회적 통신 기반의 개선으로 모바일 지갑에 대한 상황기반제공 강화되고, 소비자들의 니즈가 증가함에 따라 소비자들의 동의가 있을 경우에 소비자들의 위치를 파악하고 해당 주변에서 모바일 지갑과 제휴를 맺은 업체에 대한 정보와 할인쿠폰 등을 제공할 수 있게 됨에 따라 본 연구에서는 상황기반제공성을 추가 하였다. 본 연구는 기술수용모델(TAM)을 이용하여 모바일 지갑의 사용요인에 영향을 미치는 요인을 규명하고자 하며, 기술수용모델의 외부변수는 이용자의 사용후기에서 추출한 편리성과 경제성, 및 최근 급속히 확장되고 있는 상황기반제공성을 선정 하였다. 연구모델은 〈그림 18〉과 같이 편리성, 경제성, 상황기반제공성은 지각된 용이성과 지각된 유용성에 영향을 미치고 지각된 용이성과 지각된 유용성은 사용의도에 영향을 미치는 것으로 설정 하였다. 또한 성별(남성과 여성) 간의 사용의도에 차이가 있는지를 규명 하고자 한다. 모바일 지갑과 같은 혁신적인 애플리케이션들의 개발과 공급이 점증하고 있다. 이러한 제품들의 특징은 O2O(Online to Offline 또는 Offline to Online)를 기반으로 한다는 측면에서 과거의 제품들과 차별된다. 사용의도는 고객들의 제품구매에 영향을 미치는 가장 중요한 요인이며 실증연구의 종속변수로 매우 폭 넓게 사용되는 변수이다(Mullet & Karson, 1985), 혁신적인 제품들은 획일적이지도 않고, 유사하지도 않아 제품특성에 따른 사용요인이 상이하며, 제품특성이 사용과 비사용의 중요한 원인이 된다. 따라서 이러한 제품들의 사용요인을 파악하기 위해서는 제품의 특성이 무엇인지를 파악하고 어떠한 경로를 거쳐서 소비자들이 사용하게 되는지를 파악하기 위해서는 검증된 사용이론에 제품의 특성을 반영한 연구들이 필요하다.

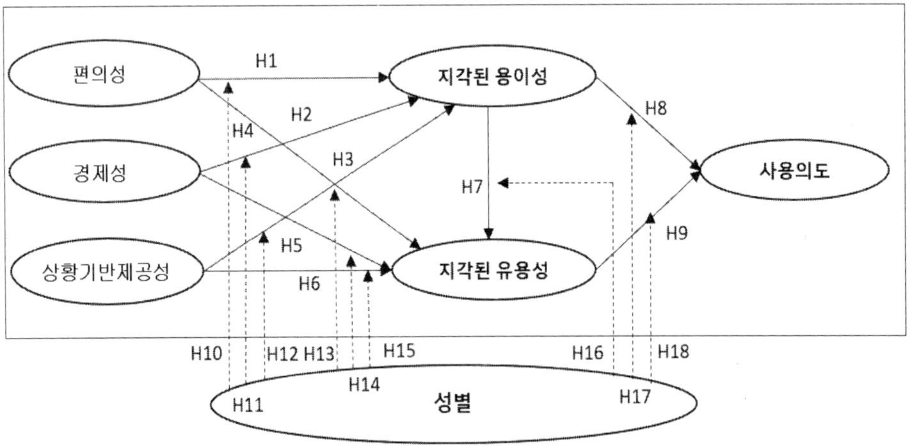

▌그림 18▐ 연구모형

제2절 가설의 설정

본 연구의 목적은 제품의 특성이라고 간주되는 편리성, 경제성 및 상황기반제공성이 지각된 용이성과 지각된 유용성에 영향을 미치고 지각된 용이성과 지각된 유용성은 다시 사용의도에 미칠 것으로 가정하고 영향을 규명하고자 한다.

2.1 제품특성, 지각된 용이성, 지각된 유용성 간의 관계

스마트폰은 대표적인 유비쿼터스 제품이다. 스마트폰에 기반한 모바일 지갑은 언제나, 어디서든 사용이 가능하며, 실물지갑의 소지에 따른 불편함을 감소시키게 되었다. 모바일 지갑은 미디어 스토어에서 다운로드 후 설치한 후 원하는 곳에서 원하는 시간에 열어서 사용할 수 있다. 또한, 스마트폰 사용자들은 이미 여러 개의 앱을 사용해 본 경험이 있어 쉽게 사용할 수 있다.

편리성(Serviceability)이란 편리하고 이용하기 편한 특성을 말한다. 이러한 편리성은 기존의 연구들에서도 편리한 제품은 쉽게 사용할 수 있다는 용이성을 지각하게 한다는 많은 연구결과들이 제시 되었다(Henfridsson & Lindgren, 2005; Taylor & Todd, 1995; 문용은 · 정유진, 2004; 박철, 2006; 이태민, 2004; 차윤숙 · 정문상, 2005), 모바일 지갑의 편리성은 사용자들에게 용이성을 지각시킴으로써 모바일 지갑 사용을 촉진하게 될 것이다(Chin & Todd, 1995; Medvinsky & Neuman, 1993; 이경근 · 노영, 2006; 주재훈, 1999), 따라서 이러한 영향 관계를 고려하여 편리성을 기존의 실물지갑 미소지, 다양한 사용처, 멤버십과 쿠폰관리의 편리성이라고 정의 하였다. 따라서 모바일 지갑의 이러한 영향을 고려하여 소지, 사용처, 관리의 편리성이 특징인 모바일 지갑은 사용자들로 하여금 사용이 쉬울 것이라고 지각하게 될 것이라는 점에서 〈가설 1〉을 설정하였다.

〈가설 1〉 모바일 지갑의 편리성은 지각된 용이성에 정(+)의 영향을 미칠 것이다.

경제성(Economy)은 제품과 서비스에 대한 소비의 대가로 지불하는 돈, 시간, 노력 등 비용이다(Dodds, Monroe, & Grewal, 1991; Zeithaml, 1988), 새로운 서비스나 기술사용에 대한 경제적 동기가 사용에 영향을 미친다는 연구결과가 있다(Jayawardhena & Foley, 2000; Luarn & Lin, 2005; Mathieson, Peacock, & Chin, 2001), 심선희 · 김하균(2011)은 소비자에게 제공되는 인터넷 쿠폰의 할인율이 사용요인에 영향을 미친다고 하였으며 이를 경제성으로 측정하였다. 모바일 지갑 안에 각종 멤버십과 쿠폰 등을 보관하여 사용이 가능함으로써 모바일 지갑은 경제성이 있다고 할 수 있다. 앱을 사용함으로써 비용적인 측면에 있어서 경제적이라고 지각하는 정도를 의미하고 앱으로 사용하는 것이 다른 제품이나 서비스를 이용하는 것보다 비용, 시간, 노력 면에서 경제적이라고 인식하는 정도로 정의한다(김상현 · 박현선, 2011). 사용후기 분석에서도 전체 사용후기 616개중 경제성과 관련된 후기는 40.6%로 사용에 중요한 요인임을 밝혀졌다. Sheth, Newman, & Gross(1991), Mathwick, Malhotra, & Rigdon (2001), 박현지 · 박중환 · 이정실 · 김영하(2011), 정영수 · 정철호(2010)의 연구를 바탕으로 모바일 지갑을 통한 거래가 비용이나 시간 등을 절약 해 주 는 정도로 정의 하였다. 사용자가 다른 제품이나 서비스를 이용하는 것보다 모바일 지갑을 사용하는 것이 경제성이 있다는 신념이 있는 경우에 모바일 지갑이 사용하기가 쉬울 것이라고 추론하고 〈가설 2〉를 설정 하였다.

〈가설 2〉 모바일 지갑의 경제성은 지각된 용이성에 정(+)의 영향을 미칠 것이다.

상황기반제공성(Contextual Offer)은 개개인이 처한 위치나 시간과 같은 상황을 종합적으로 고려하여 소비자들에게 가장 효과적인 최적의 정보 및 서비스를 제공해주는 정도라고 정의된다(이태민, 2004). 이러한 특성은 모바일의 개인화와 위치확인성을 반영한 개념이다(Durlacher, 2001), 본 연구에서도

Durlacher(2001)가 제시하고, 이태민(2004)이 실증했던 개념을 도입 하였다. 상황기반제공성은 사용의도에 유의한 영향을 미친다(박철, 2006)는 결과가 있는 반면 모바일 인터넷에서 상황기반제공성은 사용의도에 유의한 영향을 미치지 않는 다는 결과도 제시되어(최혁라, 2004) 상반된 의견을 보이고 있다. 이처럼, 상황기반제공성에 기반으로 각종 서비스들을 제공이 증가하고 있으나, 이에 대한 찬반이 지속되고 있고 있어 이를 규명하고자 상황기반제공성이 지각된 용이성에 영향을 미친다는 〈가설 3〉을 설정 하였다.

〈가설 3〉 모바일 지갑의 상황기반제공성은 지각된 용이성에 정(+)의 영향을 미칠 것이다.

편리한 제품이라는 신념이 있는 경우 소비자에게 유용할 것이라는 지각을 하게 될 것으로 보인다. 편리성이 지각된 유용성에 긍정적인 영향을 미친다는 많은 연구가 있다(Davis, 1989; Kannan, Chang, & Whinston, 2001; Taylor & Todd, 1995; 강성수 · 김주안 · 김백호, 2006; 유재현 · 박철, 2009; 이경근 · 노영, 2006; 이태민, 2004; 차윤숙 · 정문상, 2007; 하성호 · 주성현 · 김도형, 2012), 이에 따라 본 연구에서도 모바일 지갑의 편리성은 사용자들에게 유용성을 지각하게 됨으로써 모바일 지갑 사용을 촉진하게 될 것이다(Medvinsky & Neuman, 1993; 주재훈, 1999), 따라서 본 연구에서도 이러한 연구와 이용후기 결과를 반영하여 편리성은 지각된 유용성에 정(+)의 영향을 미친다는 〈가설 4〉을 설정 하였다.

〈가설 4〉 모바일 지갑의 편리성은 지각된 유용성에 정(+)의 영향을 미칠 것이다.

경제성은 제품과 서비스에 대한 소비의 대가로 지불하는 돈, 시간, 노력 등이 비용이며(Dodds *et al.*, 1991; Zeithaml, 1988), 새로운 서비스나 기술사용에 대한 경제적 동기가 사용에 영향을 미친다고 하였다(Jayawardhena & Foley,

2000; Lai, 1995; Luarn & Lin, 2005; Mathieson *et al.*, 2001; 오환종 등, 2006), 소비자에게 제공되는 쿠폰의 할인율은 경제성을 높인다고 하였다(심선희, 2011), 모바일 지갑 안에는 다양한 종류의 멤버십과 쿠폰 등을 보관과 사용이 가능함으로 모바일 지갑은 경제성이 있으며, 이러한 모바일 지갑 앱은 사용시 할인 및 적립과 같은 금전적인 혜택과 시간절약과 같은 비물질적인 차원에서도 경제성이 있다고 할 수 있다(Mathwick *et al.*, 2001; Sheth *et al.*, 1991; 박현지 등, 2011), 앱으로 사용하는 것이 다른 제품이나 서비스를 이용하는 것보다 비용, 시간, 노력 면에서 경제적이라고 인식하는 정도로 정의한다(김상현 등, 2011). 사용후기 분석에서도 후기 616개중 경제성과 관련된 후기는 40.6%로 사용에 중요한 요인임을 반영하였다. 사용자가 다른 제품이나 서비스를 이용하는 것보다 모바일 지갑을 사용하는 것이 경제성이 있다는 신념이 있는 경우에 모바일 지갑이 유용하다고 판단하고 〈가설 5〉를 설정하였다.

〈가설 5〉 모바일 지갑의 경제성은 지각된 유용성에 정(+)의 영향을 미칠 것이다.

상황기반제공성(Contextual Offer)은 모바일의 개인화와 위치확인성을 반영한 개념(Durlacher, 2001)으로 개개인이 처한 위치나 시간과 같은 상황을 종합적으로 고려하여 소비자들에게 가장 효과적인 최적의 정보 및 서비스를 제공해주는 정도이다(이태민, 2004), 상황기반제공성에 대한 유용성에 대한 연구 결과 긍정적인 영향을 미친다는 보고(박철, 2006)와 유의미한 영향을 미치지 않는다는 실증결과(최혁라, 2004)가 있어 이를 규명코자 한다. 본 연구에서는 Durlacher (2001)가 제시하고, 이태민(2004)이 실증을 반영해 〈가설 6〉을 설정하였다.

〈가설 6〉 모바일 지갑의 상황기반제공성은 지각된 유용성에 정(+)의 영향을 미칠 것이다.

2.2 기술수용모델(지각된 용이성·유용성, 사용의도 간의 관계)

기술수용모델은 정보기술시스템을 조직원들의 사용을 지각된 용이성(Perceived ease of use), 지각된 유용성(Perceived usefulness), 사용(Use) 간의 관계를 밝히기 위해서 도입 되었다(Davis, 1989), 지각된 용이성(Perceived ease of use)이란 "정보기술시스템을 사용함에 있어 많은 노력을 필요로 하지 않는다고 믿는 정도"라고 정의한다. 지각된 유용성(Perceived usefulness)이란 "정보기술시스템을 사용함에 자신의 업무성과가 개선될 것이라고 믿는 정도"이다. 정보기술사용에 대한 지각된 유용성과 지각된 용이성이 사용의도에 영향을 주고, 지각된 용이성은 지각된 유용성에 영향을 준다고 주장 하였다(Davis, 1989), 즉, 잠재적 사용자는 정보기술시스템을 사용함에 있어 유용하다고 지각하는 경우에 그 정보기술을 사용할 가능성이 더 높다고 주장 하였으며 많은 실증연구들이 이를 증명해 주고 있다(Davis, 1989; Hu, Chau, Sheng, & Tam, 1999; Lin & Lu, 2000; Ma & Liu, 2004), 또 잠재적 사용자는 제품을 사용함에 있어 별다른 노력을 기울이지 않아도 된다는 용이성을 지각하는 경우에도 그 정보기술을 사용할 가능성이 더욱 높다고 주장 하였으며 많은 실증 결과로 설득력을 얻고 있다(Agarwal & Prasad, 1998; Davis, 1989; Davis et al., 1989), 더불어 지각된 용이성은 지각된 유용성에 긍정적인 영향을 미친다는 연구들이 많이 있다(Chin, 1998; Davis et al., 1989; Gao, 2005; Ma & Liu, 2004; Heijden, 2004),

국내에도 지각된 유용성과 지각된 용이성이 사용의도에 영향을 미치고, 지각된 용이성이 지각된 유용성에 영향을 미친다는 연구들이 있다(구자철, 2006; 박준철·정기호, 2008; 오상현·김상현, 2006; 옥석재·손지현, 2007; 유일·소순후, 2004; 유일·이경근, 2007; 윤성환, 2013; 이경근·노영, 2006; 이유진·곽기영, 2005; 재진훈 등, 2002; 최혁라·신정신, 2006; 한상일, 2013),

특히, 민감한 정보들이 포함된 모바일뱅킹에 관한 연구에서도 이러한 사실들을 지속적으로 뒷받침해 주고 있다(권순재, 2013; 윤성환, 2013; 이내준, 2012; 이지은·신민수, 2011), 스마트폰 앱에 관한 연구에서도 기술수용모델을 이용한 연구에서도 위의 사실들이 검증 되고 있다(Verkasalo *et al.*, 2010; 배재권, 2010), 이에 본 연구에서도 기존연구를 바탕으로 〈가설 7〉, 〈가설 8〉, 〈가설 9〉을 설정 하였다.

〈가설 7〉 모바일 지갑의 지각된 용이성은 사용의도에 정(+)의 영향을 미칠 것이다.
〈가설 8〉 모바일 지갑의 지각된 유용성은 사용의도에 정(+)의 영향을 미칠 것이다.
〈가설 9〉 모바일 지갑의 지각된 용이성은 지각된 유용성에 정(+)의 영향을 미칠 것이다.

2.3 성별 조절효과

사회학자들을 포함한 대부분의 많은 학자들은 성별의 다름에 많은 관심을 갖고 성별을 주제로 한 연구를 수행하고 있다. 오늘날 마케팅은 세분화되고 고도화 되고 있으며, 특히, 성별과 같은 인구통계학적 분류에 따른 마케팅은 기본이 되고 있다. Meyers-Levy & Sternthal(1991)은 남성과 여성은 제품이나 서비스를 선택할 때 판단의 기준이 다르며 남성은 주로 필요한 제품이나 서비스를 선택할 때 모든 요인들을 고려하는 반면 여성은 필요한 요인들만을 선택적으로 고려한다고 하였다. 조송현(2003)은 스포츠센터의 서비스품질이 재구매의도에 미치는 영향력을 분석하였으며 성별에 따른 차이를 살펴보았다. 김태웅·엄명용(2006)은 사용자 편리성에서 남성과 여성간의 차이를 있음을 검증 하였다. Fischer *et al.*,(1997)은 서비스의 기대와 지각되는 품질에 대한 남성과 여성간의 차이가 있음을 실증적으로 분석하였다. Venkatesh, Morris, Davis, & Davis(2003)도 정보기술사용에 남성과 여성의 차이 연구를 수행하였다. 노미진(2010)도 모바일

뱅킹 특성과 만족 및 재이용의도에 관한 연구에서도 성별에 따라 차이가 있음을 밝혔다. 위의 연구들을 토대로 모바일 지갑에 대한 정보기술기반 서비스에서 확장된 TAM을 기반으로 성별간의 차이를 고려할 수 있다. 본 연구도 성별에 따른 차이를 살펴보기 위하여 아래와 같은 가설을 설정하였다.

〈가설 10〉 성별에 따라 편의성은 지각된 용이성에 미치는 영향력이 달라질 것이다.
〈가설 11〉 성별에 따라 경제성은 지각된 용이성에 미치는 영향력이 달라질 것이다.
〈가설 12〉 성별에 따라 상황기반제공성은 지각된 용이성에 미치는 영향력이 달라질 것이다.
〈가설 13〉 성별에 따라 편의성은 지각된 유용성에 미치는 영향력이 달라질 것이다.
〈가설 14〉 성별에 따라 경제성은 지각된 유용성에 미치는 영향력이 달라질 것이다.
〈가설 15〉 성별에 따라 상황기반제공성은 지각된 유용성에 미치는 영향력이 달라질 것이다.
〈가설 16〉 성별에 따라 지각된 용이성은 지각된 유용성에 미치는 영향력이 달라질 것이다.
〈가설 17〉 성별에 따라 지각된 용이성은 사용의도에 미치는 영향력이 달라질 것이다.
〈가설 18〉 성별에 따라 지각된 유용성은 사용의도에 미치는 영향력이 달라질 것이다.

제3절 구성개념의 조작적 정의 및 측정

본 연구의 변수에 대한 조작적 정의와 측정방법은 〈표 8〉와 같다. 자료 수집을 위한 설문지는 모바일 지갑 사용자들을 대상으로 2015년 5월1일부터 6월 30일까지 2개월 동안 설문조사를 실시하였다. 설문 진행방법은 설문 대상자에게 취지를 설명하고 설문지를 배포하여 응답자가 설문항목에 직접 해당 응답을 입력하는 방식으로 수행 하였다. 연구변수들은 리커트 7점 척도(1: 전혀 그렇지 않다, 2: 약간 그렇지 않다, 3: 그렇다, 4: 보통이다, 5: 그렇다, 6: 약간 그렇다, 7:

확실히 그렇다)로 측정 하였다. 총 703부의 설문지가 배포되었으며 591부가 회수 되었다. 이 중에서 표본으로서 의미를 상실한 365부의 설문지를 제외한 226부의 가용한 설문지가 분석에 사용되었다. 표본은 226개로 최소요구량을 충족하였다(Joreskog & Sorbom, 1989), 수집된 자료에 대한 신뢰성과 타당성 분석, 기술통계 분석 및 가설검증을 수행하기 위해 사회과학용 통계 패키지인 SPSS 22.0과 AMOS 22.0을 사용 하였다.

편리성은 모바일 지갑 앱을 이용할 때의 과정이 단순하고 이용하기 편리하다고 느끼는 정도이며, Medvinsky & Neuman(1993)의 원자료와 주재훈(1999), 이태민(2004), 차윤숙 · 정문상(2007) 등을 바탕으로 재구성 하였다.

경제성은 모바일 지갑을 이용함에 따라 경제적 혜택, 비용, 시간, 노력 면에서 경제적이라고 느끼는 인식정도로 정의하고, Luarn & Lin(2005)의 원자료와 심선희(2011), 김상현 등(2011) 등을 바탕으로 재구성 하였다.

| 표 8 | 변수의 조작적 정의 및 측정항목

연구 변수	기호	조작적 정의	측정항목	관련연구
편리성	UC1 UC2 UC3	모바일 지갑 앱을 이용할 때의 과정이 단순하고 이용하기 편리하다고 느끼는 정도	① 멤버십카드, 종이쿠폰을 보관하지 않아 실물지갑이 얇아지고 가벼워서 편리하다 ②사용방법이 간편해서 쉽게 사용할 수 있다 ③멤버십 및 쿠폰의 포인트/ 만기 등의 통합조회 및 관리가 가능하여 편리하다	Medvinsky & Neuman(1993) 주재훈(1999) 이태민(2004) 차윤숙 · 정문상(2007)
경제성	EC1 EC2 EC3	모바일 지갑을 사용하는 것이 실물지갑 또는 유사한 제품과 서비스를 이용하는 것보다 경제적 혜택,	① 복합결제(할인과 동시에 적립 및 결제)로 시간이 절약 된다 ② 송금수수료를 절약해준다.	Luarn & Lin(2005) 심선희(2011)

연구변수	기호	조작적 정의	측정항목	관련연구
		비용, 시간, 노력 면에서 경제적이라고 인식 정도	③ 이벤트와 경품지급은 생활에 도움이 된다.	김상현 등(2011)
상황기반제공성	CO1 CO2 CO3	모바일 지갑 앱은 소비자가 처한 시간, 위치와 같은 상황을 고려하여 가장 효과적인 정보와 서비스를 제공해 주는 정도	① 실시간으로 최신정보를 제공한다. ② 내가 필요한 정보를 적시에 제공한다. ③ 내가 원하는 시간에 정보를 이용할 수 있다	Durlacher(2001) 이태민(2004) 박철(2006)
지각된 용이성	PE1 PE2 PE3	사용자가 많은 노력 없이 편안하게 사용할 수 있는 정도	① 사용법이 쉽다 ② 사용절차가 명확하다 ③ 타인의 도움 없이 사용할 수 있다	An & Kim(2009) Lu *et al.*,(2005b) Davis(1989) 김상훈 · 임수현(2011) 김성수 등(2011) 안대천(2009)
지각된 유용성	PU1 PU2 PU3	사용자가 모바일 지갑을 사용 하면서 얻게 될 혜택이나 도움을 지각하는 정도	① 정보를 얻는 시간을 줄여준다 ② 많은 도움이 된다. ③ 큰 즐거움을 준다.	An & Kim(2009) Lu *et al.*,(2005b) Davis(1989) 김상훈 · 임수현(2011) 김성수 등(2011) 안대천(2009)
사용 의도	UI1 UI2 UI3	모바일 지갑 앱을 사용하고자 하는 의도와 사용에 대한 정도	① 1년 이내에 사용할 의도가 있다 ② 1년 이내에 사용할 것 같다 ③ 1년 이내에 사용할 계획이다	안대천(2009) 김상훈 · 임수현(2011) Bhattacherjee(2001) Venkatesh & Davis(2000)

상황기반제공성은 소비자가 처한 시간, 위치 등 상황을 고려하여 소비자들에게 효과적인 최적의 정보와 서비스를 제공해 주는 정도로 정의하고 Durlacher(2001) 원자료를 바탕으로 이태민(2004)과 박철(2006)의 자료를 바탕으로 재구성하여 사용 하였다. 지각된 용이성이란 사용자가 많은 노력 없이도 편안하게 사용할 수 있는 정도이며, 지각된 유용성이란 사용자가 모바일 지갑을

사용하면 얻게 될 도움이나 혜택이라고 정의하고 지각된 용이성과 지각된 유용성은 Davis(1989)의 원자료를 바탕으로 An & Kim(2009), Lu *et al.*,(2005b), 김상훈·임수현(2011), 김성수 등(2011), 안대천(2009) 등을 바탕으로 재구성하여 사용하였다. 사용의도란 모바일 지갑을 사용하고자 하는 의도와 사용에 대한 정도로 정의하고, Venkatesh & Davis(2000)의 원자료를 중심으로 안대천(2009), 김상훈·임수현(2011)을 바탕으로 재구성 하였다.

제4절 연구가설의 검증

4.1 표본의 인구통계학적 특성

본 연구를 위한 설문조사의 표본특성을 살펴보면 성별의 구성은 여성이 94명(41.6%), 남성이 132명(58.4%)으로 여성이 남성보다 많았다. 연령별로는 20대 이하가 4명(1.8%), 20대가 70명(31.0%), 30대가 71명(31.4%), 40대가 65명(28.8%), 50대가 16(7.1%)명으로 대부분의 설문 응답자들은 20대, 30대, 40대가 30%내외의 분포를 이루었다. 거주지는 특별시나 광역시가 136명으로 60.2%로 나타났다. 직업은 학생이 26명(11.5%), 회사원 185명(81.9%), 기타 15명(6.6%)로 회사원이 대부분이었다. 주로 사용하는 모바일 지갑은 금융사 114(50.4%), 통신사 112명(49.6%)로 절반씩의 구성비로 나타나서 표본의 구성은 적절한 것으로 나타났다.

표 9 표본의 인구통계학적 특성

구분		빈도 수(명)	구성 비율(%)
성별	여성	94	41.6
	남성	132	58.4
연령	10대	4	1.8

구분		빈도 수(명)	구성 비율(%)
	20대	70	31.0
	30대	71	31.4
	40대	65	28.8
	50대	16	7.1
학력	중졸	1	0.4
	고졸	40	17.7
	대졸	156	69.0
	석사이상	29	12.9
직업	학생	26	11.5
	회사원	185	81.6
	기타	15	6.6
거주지	특별시 또는 광역시	136	60.2
	수도권의 주요도시	78	34.5
	지방도시	10	4.4
	농어촌 및 기타	2	0.9
주로 사용하는 모바일 지갑	금융사	114	50.4
	통신사	112	49.6

각 변수의 표본은 226개이며, 개별 측정변수의 평균, 표준편차, 왜도, 첨도를 〈표 10〉로 제시 하였다. 각 변수의 평균은 4 ~ 5대로 구성 되었으며, 표준편차가 3이상이고, 왜도의 절대 값이 3이상이고, 첨도의 절대 값이 8.0이상 이어서 개별 측정변수들은 정규분포를 가지는 것으로 볼 수 있다.

표 10 **측정변수의 기술통계량**

변수		표본수	평균	표준편차	왜도	첨도
잠재변수	항목명					
UC	UC1	226	5.45	1.303	−0.497	−0.336
	UC2	226	5.05	1.219	−0.257	−0.259

변수		표본수	평균	표준편차	왜도	첨도
잠재변수	항목명					
	UC3	226	5.21	1.191	-0.298	-0.448
EC	EC1	226	4.86	1.156	0.184	-0.512
	EC2	226	4.76	1.228	0.102	-0.437
	EC3	226	4.48	1.244	-0.029	0.337
CO	CO1	226	4.52	1.076	-0.209	0.315
	CO2	226	4.37	1.148	0.052	0.244
	CO3	226	4.57	1.165	-0.028	-0.045
PE	PE1	226	4.74	1.056	0.141	-0.402
	PE2	226	4.62	1.074	0.187	-0.471
	PE3	226	4.85	1.115	0.057	-0.475
PU	PU1	226	4.85	1.088	0.189	-0.403
	PU2	226	4.84	1.033	0.007	-0.421
	PU3	226	4.56	1.036	0.377	-0.118
UI	UI1	226	5.21	1.214	-.430	-0.216
	UI2	226	5.22	1.248	-.529	-0.096
	UI3	226	5.21	1.250	-.464	-0.251

4.2 신뢰성과 타당성 분석

본 연구에서 사용된 개념과 측정 항목들은 TAM과 TAM의 외부변수로 사용된 척도를 사용했다. TAM의 지각된 용이성, 지각된 유용성, 사용의도 변수를 사용하였고, 외부변수는 편리성, 경제성, 상황기반제공성을 사용하여 각각 3개 항목들을 7점 리커트 척도로 설문지를 구성하였다. 설문에 사용된 항목들은 전자상거래와 인터넷뱅킹에 대한 기존 연구들에서 타당성과 신뢰성을 검증받은 항목들로 구성 하였다. 연구모형에 대한 설문항목들의 구성 타당성을 검증하기 위해 탐색적 요인분석과 신뢰성 분석을 실시하였다. 각 측정항목의 요인 적재값

(Factor Loading)이 0.6이상으로 나타나 타당성이 입증 되었으며, 신뢰성 계수(Cronhach's alpha)도 모두 0.8이상으로 나타나 측정항목들의 신뢰성이 높은 것으로 나타났다. 탐색적 요인분석을 위해서는 주성분분석을 사용 하였고 회전방법은 Varimax 방법을 사용하였다. 탐색적 요인분석과 신뢰성 분석결과는 〈표 11〉와 같다. 분석결과에 따르면, Cronbach's alpha가 0.7이상 측정대상에 대하여 정확하고 일관성이 있게 측정되었다고 할 수 있으며, 탐색적 요인분석 결과 모든 측정변수의 요인적재량이 0.5이상 이므로 중요한 변수임을 확인 할 수 있었다. 따라서 모든 측정변수를 가지고 확인적 요인분석(Comfirmatory Factor Analysis: CFA) 실행이 가능하다고 판단된다.

| 표 11 | 탐색적 요인분석 및 신뢰도분석 결과

변수			요인1	요인2	요인3
	요인	측정문항			
외생변수	편리성	UC1		0.848	
		UC2		0.629	
		UC3		0.835	
	경제성	EC1			0.655
		EC2			0.838
		EC3			0.779
	상황기반 제공성	CO1	0.852		
		CO2	0.807		
		CO3	0.813		
설명분산(%)			27.274	25.828	24.720
누적분산(%)			27.274	53.102	77.822
Cronbach's alpha			0.896	0.806	0.823
내생변수	지각된 용이성	PE1			0.874
		PE2			0.847
		PE3			0.812
	지각된 유용성	PU1		0.812	
		PU2		0.838	
		PU3		0.884	

변수		요인1	요인2	요인3
요인	측정문항			
사용의도	UI1 UI2 UI3	0.908 0.922 0.904		
설명분산(%) 누적분산(%)		32.451 32.451	27.937 60.388	27.657 88.045
Cronbach's alpha		0.983	0.888	0.902

확인적 요인분석을 수행하기 전에 잠재변수와 측정변수의 신뢰도와 타당도 검증을 위해서 측정모형을 수행하고 〈표 12〉를 제시하였다. 측정모형 분석결과 적합도 지수는 χ^2=251.861(df=120, p=0.000, p≥0.05가 바람직), Q값(χ^2/자유도)=2.099(≤3이 바람직), GFI=0.881(≥0.90이 바람직), AGFI=0.830(≥0.80이 바람직), NFI=0.932(≥0.90이 바람직), SRMR=0.0485(≤0.05가 바람직) 등 이었다. χ^2에 대한 p값과 GFI가 권장 값보다 낮지만 다른 적합도 지수는 전반적으로 만족스러운 수준으로 단일차원성을 저해하지 않은 것으로 판단된다. 측정모형의 개념 신뢰도(Construct Validity) 평가를 위해 합성신뢰도(Composite Reliability: CR)와 분산추출지수(Average Variance Extracted: AVE) 산출하여 평가 하였다. 산출결과에 따르면, 표준화회귀계수가 모두 0.695이상이고, CR이 0.7이상 그리고 AVE가 0.5 이상으로 나타나 개념 신뢰도(수렴타당도)는 확보되었다고 평가 할 수 있다.

▌표 12▐ 확인적 요인분석 결과

연구변수	항목	표준화 경로계수	표준편차	t값	p값	CR	AVE
편리성	UC1	0.756				0.862	0.600
	UC2	0.695	0.086	10.051	***		
	UC3	0.864	0.086	12.142	***		
경제성	EC1	0.835				0.858	0.607
	EC2	0.725	0.08	11.46	***		
	EC3	0.773	0.081	12.367	***		
상황기반 제공성	CO1	0.881				0.967	0.745
	CO2	0.865	0.062	16.911	***		
	CO3	0.843	0.064	16.23	***		
지각된 용이성	PE1	0.886				0.797	0.755
	PE2	0.869	0.058	17.229	***		
	PE3	0.851	0.061	16.666	***		
지각된 유용성	PU1	0.848				0.870	0.729
	PU2	0.892	0.061	16.287	***		
	PU3	0.819	0.063	14.61	***		
사용의도	UI1	0.957				0.823	0.950
	UI2	0.981	0.026	40.914	***		
	UI3	0.986	0.025	42.272	***		

적합도 χ^2=251.861(df=120, p=0.000), χ^{22}/자유도(Q값)=2.099
GFI=0.881, AGFI=0.830, NFI = 0.932, SRMR=0.0485

유의수준은 * $p < 0.05$, ** $p < 0.01$, *** $p < 0.001$

측정모형의 판별타당성 평가결과는 〈표 13〉와 같다. 잠재변수 간에 구한 분산추출지수(AVE)값이 각 잠재변수의 결정계수보다 크면 두 요인 사이에 판별타당성이 확보 되었다고 할 수 있다. 본 측정모델의 판별타당성을 분석한 결과 잠재변수 간 상관계수 중에서 가장 큰 것은 0.755(EC와 CO간)이다. 상관계수의 제곱, 즉 결정계수는 0.570(0.755×0.755)이다. 각 잠재변수 간 분산추출지수

(AVE) 값이 결정계수 0.570보다 크므로 판별타당도를 확보한 것으로 해석할 수 있다.

❙표 13❙ 구성개념 간의 판별타당도 분석 결과

	UC	EC	CO	PE	PU	UI
UC	**0.600**					
EC	0.743	**0.607**				
CO	0.691	0.755	**0.745**			
PE	0.561	0.568	0.566	**0.755**		
PU	0.582	0.650	0.587	0.588	**0.729**	
UI	0.519	0.479	0.417	0.613	0.592	0.950

주) 대각선 진한 부분은 AVE값임.

측정모형분석에 의한 측정변수들이 신뢰도와 타당성이 검증 되었으므로 구조방정식모형(Structural Equation Modeling)을 통해 가설을 검증 할 수 있다.

4.3 연구가설의 검증

4.3.1 연구모형의 적합도 검증

본 연구에서 설정된 전체적인 구조모형 분석결과는 〈표 14〉, 〈그림 19〉과 같다. 모형의 적합도 지수 χ^2=257.071(df=123, p=0.000, p=0.05가 바람직), χ^2/자유도(Q값)=2.090(≤3이 바람직), GFI=0.877(≥0.90이 바람직), AGFI=0.829(≥0.80이 바람직), NFI=0.930(≥0.90이 바람직), SRMR=0.050(≤0.05가 바람직) 등 이었다. χ^2의 p값과 GFI 값이 기준에 미치지 못하지만, Q값(χ^2/DF)이 3보다 작으며 전반적인 적합도 지수는 만족스럽다고 판단된다. 제품의 특성(편리성, 경제성 및 상황기반제공성)이 지각된 용이성에 영향을 미친다는 모형의 설명력은 39.3%이며, 제품의 특성(편리성, 경제성 및 상황기반제공성)이 지각된 유용성에 영향을 미친다는 모형 설명력은 50.5%이다. 지각된 용이성과 지각된 유용성이 사용의도에 영향을 미친다는 모형 설명력은 46.2%이다.

| 표 14 | 가설검증 결과

가설(경로)	표준화 경로계수	t값	P값	채택여부	R^2
가설1 (편리성→지각된 용이성)	0.258	2.214	0.027	채택	0.393
가설2 (경제성→지각된 용이성)	0.199	1.499	0.134	기각	
가설3 (상황기반제공성→지각된 용이성)	0.235	2.103	0.035	채택	
가설4 (편리성→지각된 유용성)	0.116	1.053	0.292	기각	0.505
가설5 (경제성→지각된 유용성)	0.333	2.611	0.009	채택	
가설6 (상황기반제공성→지각된 유용성)	0.097	0.918	0.359	기각	
가설7 (지각된 용이성→지각된 유용성)	0.277	3.582	***	채택	
가설8 (지각된 용이성→ 사용의도)	0.406	5.672	***	채택	0.462
가설9 (지각된 유용성→ 사용의도)	0.356	4.960	***	채택	
적합도 χ^2=257.071(df=123, p=0.000), χ^2/자유도(Q값)=2.090 GFI=0.877, AGFI=0.829, NFI=0.930, SRMR=0.050					

유의수준은 * p 〈 0.05, ** p 〈 0.01, *** p 〈 0.001

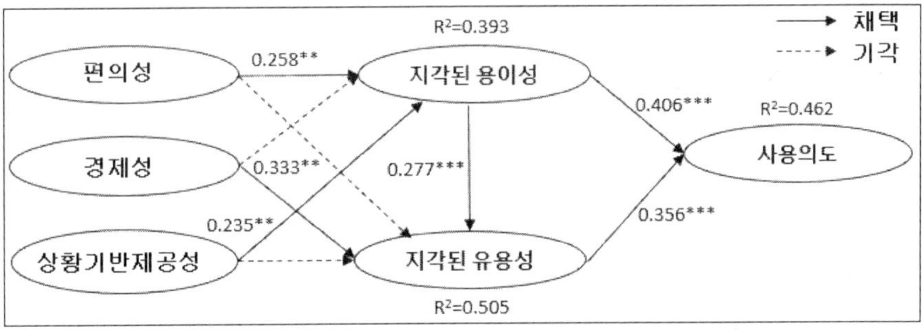

주) 유의수준 * p 〈 0.05, ** p 〈 0.01, *** p 〈 0.001

| 그림 19 | 표본분석 결과에 의해 검증된 도형

4.3.2 가설검증 결과(제품특성, 지각된 용이성·유용성, 사용의도)

가설검증 결과 가설1, 가설3, 가설5, 가설7, 가설8, 가설9는 채택된 반면, 가설2, 가설4, 가설6은 기각 되었다. 가설별 세부내용을 살펴보면 다음과 같다.

첫째, 모바일 지갑의 편리성이 지각된 용이성에 정(+)의 영향을 미칠 것이라는 〈가설 1〉의 검증결과, 경로계수 0.258, t값=2.214*로 나타나 〈가설 1〉은 채택되었다. 이는 선행연구들의 결과를 동일하게 지지하는 것으로 나타났다(Henfridsson & Lindgren, 2005; Taylor & Todd, 1995; 문용은·정유진, 2004; 박철, 2006; 이태민, 2004; 차윤숙·정문상, 2005), 따라서 모바일 지갑이 편리할수록 용이성을 지각할 것이다(Chin & Todd, 1995; Medvinsky & Neuman, 1993; 이경근·노영, 2006; 주재훈, 1999),

둘째, 모바일 지갑의 경제성이 지각된 용이성에 정(+)의 영향을 미칠 것이라는 〈가설 2〉의 검증결과, 경로계수 0.199, t값=1.499로 〈가설 2〉은 기각 되었다. 이는 모바일 지갑이 경제성이 있다고 해서 사용이 용이하다고 지각하지는 않는다는 것이다. 즉, 경제성과 사용의 용이성과는 연결되지 않는 다는 것이다.

셋째, 모바일 지갑의 상황기반제공성이 지각된 용이성에 정(+)의 영향을 미칠 것이라는 〈가설 3〉의 검증결과, 경로계수 0.235, t값=2.103*로 〈가설 3〉은 채택되었다. 이는 이태민(2004)의 선행연구와도 같은 결과이다.

넷째, 모바일 지갑의 편리성이 지각된 유용성에 정(+)의 영향을 미칠 것이라는 〈가설 4〉의 검증결과, 경로계수 0.116, t값=1.053로 나타나 〈가설 4〉은 기각 되었다. 이는 기존의 선행연구들(Davis, 1989; Kannan, Chang, & Whinston, 2001; Taylor & Todd, 1995; 강성수·김주안·김백호, 2006; 유재현·박철, 2009; 이경근·노영, 2006; 이태민, 2004; 차윤숙·정문상, 2007; 하성호·주성현·김도형, 2012)과는 상반된 결과이다. 이는 모바일 지갑의 경우 사용의 주요인이 편리성보다는 경제성에 기인함으로 사려 되며, 아직까지는 모바일 지갑 사용이 유용하다고 지각할 만큼 편리하지 않은 것으로 여기고 있는 것으로 해석될 수 있을 것이다.

다섯째, 모바일 지갑의 경제성이 지각된 유용성에 정(+)의 영향을 미칠 것이라는 〈가설 5〉의 검증결과, 경로계수 0.333, t값=2.611** 로 나타나 〈가설 5〉은 채택 되었다. 이는 선행연구들(Jayawardhena & Foley, 2000; Lai, 1995; Luarn & Lin, 2005; Mathieson *et al.,* 2001; 오환종 등, 2006)과 동일한 결과이다.

여섯째, 모바일 지갑의 상황기반제공성이 지각된 유용성에 정(+)의 영향을 미칠 것이라는 〈가설 6〉의 검증결과, 경로계수 0.097, t값=0.918로 나타나 〈가설 6〉은 기각 되었다. 이는 선행연구인 박철(2006)의 연구와는 상반되며, 최혁라(2004)의 연구결과를 지지하는 것으로 나타났다. 모바일 지갑의 경우 아직 시행초기로 사회적 기반 부족으로 완전한 상황기반제공성이 유용한 것으로 인지하지 못하는 것으로 보이며, 수시로 울리는 '알림' 기능에 대하여 사용자들은 싫어할 수 도 있을 것이다. 따라서 시장이 성숙 되었을 때 이러한 주제는 재연구가 필요한 부분이다.

일곱째, 모바일 지갑의 지각된 용이성은 지각된 유용성에 정(+)의 영향을 미칠 것이라는 〈가설 7〉의 검증결과, 경로계수 0.277, t값=3.582*** 로 나타나 〈가설 7〉은 채택 되었다. 이는 선행연구들(Chin, 1998; Davis *et al.,* 1989; Gao, 2005; Ma & Liu, 2004; Heijden, 2004, 구자철, 2006; 박준철 · 정기호, 2008; 오상현 · 김상현, 2006; 옥석재 · 손지현, 2007; 유일 · 소순후, 2004; 유일 · 이경근, 2007; 윤성환, 2013; 이경근 · 노영, 2006; 이유진 · 곽기영, 2005; 재진훈 등, 2002; 최혁라 · 신정신, 2006; 한상일, 2013)과 동일한 결과이다.

여덟째, 모바일 지갑의 지각된 용이성은 사용의도에 정(+)의 영향을 미칠 것이라는 〈가설 8〉의 검증결과, 경로계수 0.406, t값=5.672*** 로 나타나 〈가설 8〉은 채택 되었다. 이는 선행연구들(구자철, 2006; 박준철 · 정기호, 2008; 오상현 · 김상현, 2006; 옥석재 · 손지현, 2007; 유일 · 소순후, 2004; 유일 · 이경근, 2007; 윤성환, 2013; 이경근 · 노영, 2006; 이유진 · 곽기영, 2005; 재진훈 등, 2002; 최혁라 · 신정신, 2006; 한상일, 2013; 권순재, 2013; 윤성환, 2013; 이내준, 2012; 이지은 · 신민수, 2011; Verkasalo *et al.,* 2010; 배재권, 2010)과 동일한 결과이다.

아홉째, 모바일 지갑의 지각된 유용성은 사용의도에 정(+)의 영향을 미칠 것이라는 〈가설 9〉의 검증결과, 경로계수 0.356, t값=4.960*** 로 나타나 〈가설 9〉은 채택 되었다. 이는 선행연구들(구자철, 2006; 박준철·정기호, 2008; 오상현·김상현, 2006; 옥석재·손지현, 2007; 유일·소순후, 2004; 유일·이경근, 2007; 윤성환, 2013; 이경근·노영, 2006; 이유진·곽기영, 2005; 재진훈 등, 2002; 최혁라·신정신, 2006; 한상일, 2013; 권순재, 2013; 윤성환, 2013; 이내준, 2012; 이지은·신민수, 2011)과 동일한 결과이다. 특히, 민감한 정보들이 포함된 모바일 뱅킹에 관한 연구에서도 이러한 사실들을 지속적으로 뒷받침해 주고 있다. 스마트폰 앱에 관한 연구에서도 기술수용모델을 이용한 연구에서도 위의 사실들이 검증 되고 있다(Verkasalo *et al.*, 2010; 배재권, 2010),

4.3.3 매개효과 검증

본 연구에서는 독립변수(편리성, 경제성, 상황기반제공성)와 종속변수(사용의도) 간에 지각된 용이성과 지각된 유용성의 매개효과(혹은 간접효과)를 알아보기 위해 통계적 유의성 검증을 실시하였다. 모델 적합도와 모수 치에 영향을 주지 않는 팬텀변수(Phantom variable) 방식의 부트스트래핑법(Bootstrapping Method)을 실시하고 결과를 〈표 15〉 제시하였다.

표 15 매개효과 검증결과

구분	경로계수	p값	결과
UC→PE→UI	0.107	0.05	유의함
EC→PE→UI	0.094	0.39	비유의
CO→PE→UI	0.115	0.09	비유의
UC→PU→UI	0.041	0.50	비유의
EC→PU→UI	0.132	0.08	비유의
CO→PU→UI	0.041	0.41	비유의
UC→PE→PU→UI	0.026	0.05	유의함
EC→PE→PU→UI	0.023	0.40	비유의
CO→PE→PU→UI	0.028	0.10	비유의

주: $p < 0.05$ 수준에서 유의함

매개효과 검증결과, 편리성이 지각된 용이성을 매개로 사용의도에 미치는 경우와 편리성이 지각된 용이성과 지각된 유용성을 매개로 사용의도에 매개효과가 있은 것으로 나타났으며, 나머지 매개효과는 없는 것으로 나타났다. 편리성이 있는 경우 용이성의 지각을 통해서 사용의도에 유의미한 영향을 미치는 것으로 나타났다. 또한, 편리성은 지각된 용이성과 지각된 유용성의 매개를 통하여서도 사용의도에 영향을 미치는 것으로 나타났다. 이는 많은 선행연구들의 결과와 동일한 결과이며, O2O환경에서 사용되는 모바일 지갑의 경우도 동일한 결과이다. 특히, 경제성과 상황기반제공성에서는 나타나지 않았지만, 편리성에서만 나타나는 것으로 보아 모바일 지갑의 경우 편리성이 사용의도에 직간접적으로 미치는 영향이 높은 것으로 나타나 향후 모바일 지갑의 개발과 마케팅에 활용할 수 있을 것으로 보인다.

4.3.4 성별 조절효과 검증

모바일 지갑의 성별에 따라 제품특성(편리성, 경제성, 상황기반제공성), 지각된 용이성, 지각된 유용성 및 사용의도 간의 조절효과(Moderating Effects) 검증을 위해 다중집단분석(Multiple Group Analysis: MSEM)을 시행하였다.

1) 사용자 성별 간의 측정동일성 분석

사용자 성별 간의 측정동일성을 확인하기 위해서는 동일한 모집단에서 추출한 두 표본(남성 사용자와 여성 사용자)에서 동일한 분석결과를 얻을 수 있는가를 판단이 필요하다. 이를 위해 다중집단 확인요인분석(Multi-Sample Confirmatory Analysis: MCFA)을 통해서 교차 타당성이 검증되어야 한다. 비제약모형(Unconstrained Model)과 측정가중치모형(Measurement Weight Model)의 회귀계수가 동일하다는 측정가중치모형 간의 Δdf=12(252-240), χ^2=17.036(413.194-396.158), χ^2차이의 p=0.148>α=0.05이므로(비유의적) 비제약모형에 측정모형의 회귀계수가 동일하다는 제약 이후에도 모형 적합도는 악화되지 않고 사용자 성별집단 간의 측정동일성(또는 교차타당성)이 확보된 것을 〈표 16〉에서 확인할 수 있다.

▌표 16▐ 집단 간 교차타당성 분석 결과

구분	비제약모형 (Unconstrained Model)	제약모형(측정가중치 모형) (Measurement Weight Model)
χ^2	396.158	413.194
χ^2 차이	17.036	
χ^2 차이의 P-Value	0.148	

사용자 성별 간의 제약이 통계적으로 유의하지 않기 때문에 계산된 집단 간 모수는 상이하지 않는 것으로 평가할 수 있다. 즉, 모수는 측정가중치가 동일함을 확인 하였으므로 측정모형의 집단 간 차이가 없는 측정동일성(교차타당성)이 확보되었으므로 구조모형분석(MSEM)을 수행 할 수 있다.

2) 개별표본분석

남성 집단의 개별 표분 분석결과는 〈표 17〉와 같다. 모형 적합도는 χ^2= 198.436, Q값(χ^2/자유도)=1.613, GFI=0.849, AGFI=0.791, NFI=0.900, SRMR=0.062로 나타나 전반적인 모형의 적합도는 적절하다고 판단된다. 남성 사용자 개별표본의 가설 검증결과, 가설1(UC→PE), 가설7(PE→PU), 가설8(PE →UI), 가설9(PU→UI)는 채택된 반면, 가설2, 가설3, 가설4, 가설5, 가설6은 기각 되었다.

여성 집단의 개별표본 분석결과는 〈표 17〉와 같다. 모형 적합도는 χ^2= 203.181, Q값(χ^2/자유도)=1.652, GFI=0.805, AGFI=0.729, NFI=0.892, SRMR=0.0494로 나타나 전반적인 모형의 적합도는 적절하다고 판단된다. 여성 사용자 개별표본의 가설 검증결과, 가설2(EC→PE), 가설3(CO→PE), 가설5(EC →PU), 가설7(PE→PU), 가설8(PE→UI), 가설9(PU→UI)는 채택된 반면, 가설 1, 가설4, 가설6은 기각 되었다.

3) 사용자 성별 다중비교분석에 의한 가설검증(MSEM)

확인적요인분석(MCFA)를 통해서 사용자 성별 간의 측정가중치가 동일함을 확인 되었으므로 MSEM분석을 통해 사용자의 성별간 조절효과 〈가설 10 ~ 가설 10〉를 검증해도 무리가 없을 것으로 판단된다. 사용자 성별 간의 MSEM을 통해서 사용자 성별(남성과 여성 사용자)의 차이는 모바일 지갑의 제품특성(편리성, 경제성, 상황기반제공성), 지각된 용이성, 지각된 유용성 및 사용의도에 다르게 영향을 미칠 것이라는 가설을 검증하기 위한 SEM 분석결과를 〈표 17〉와 〈그림 20〉와 같이 제시하였다.

남성 사용자와 여성 사용자의 지각된 용이성, 지각된 유용성, 사용의도에 관한 가설은 모두 채택되었다. 반면, 제품특성이 지각된 용이성과 지각된 유용성에 미치는 가설에서는 남성은 편리성이 지각된 용이성에 미친다는 가설만이 채택된 반면, 여성은 경제성이 지각된 용이성과 지각된 유용성에 영향을 미치는 가설과 상황기반제공성이 지각된 용이성에 영향을 미친다는 가설만이 채택됨으로써 양자가 다름을 알 수 있다.

▌표 17▌ 성별 개별표본분석 가설검증 결과

구분	남성				여성			
	표준화 경로계수	t값	p값	결과	표준화 경로계수	t값	p값	결과
가설10(UC→PE)	0.306	2.038	0.042	채택	-0.05	-0.248	0.804	기각
가설11(EC→PE)	-0.120	-0.625	0.532	기각	0.591	3.178	0.001	채택
가설12(CO→PE)	0.337	1.896	0.058	기각	0.334	2.464	0.014	채택
가설13(UC→PU)	0.232	1.602	0.109	기각	-0.131	-0.665	0.506	기각
가설14(EC→PU)	0.231	1.271	0.204	기각	0.470	2.187	0.029	채택
가설15(CO→PU)	0.085	0.501	0.616	기각	0.251	1.758	0.079	기각
가설16(PE→PU)	0.201	1.987	0.047	채택	0.299	2.025	0.043	채택
가설17(PE→UI)	0.411	4.656	***	채택	0.396	3.104	0.002	채택

구분	남성				여성			
	표준화 경로계수	t값	p값	결과	표준화 경로계수	t값	p값	결과
가설18(PU→UI)	0.347	3.941	***	채택	0.388	3.020	0.003	채택
적합도	적합도 χ^2=198.436(df=123, p=0.000), Q값(χ^2/자유도)=1.613, GFI=0.849, AGFI=0.791, NFI=0.900, SRMR=0.062				적합도 χ^2=203.181(df=123, p=0.000), Q값(χ^2/자유도)=1.652, GFI=0.805, AGFI=0.729, NFI=0.892, SRMR=0.0494			

주: *** p<0.01, ** p<0.05 수준에서 유의함.

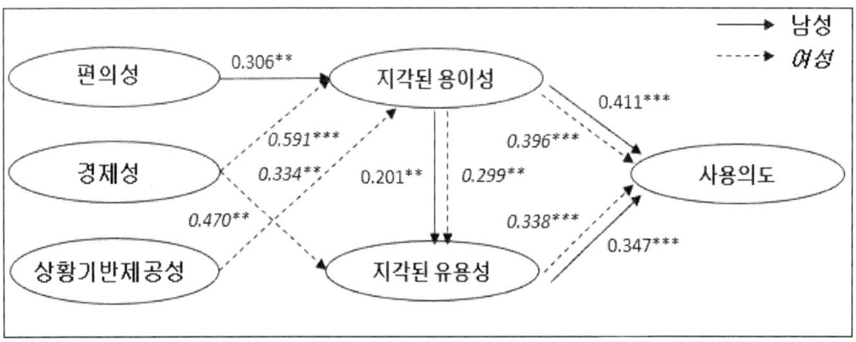

▌그림 20▐ 성별 개별표본분석 도출 모형

그러나 이는 각 집단별로 경로계수별 추정치를 보고 조절효과를 판단하는 것이며 정확한 검증을 위해서는 통계적인 가설검증에 의해 유의성 분석이 이루어져야 한다. 집단별 경로계수에 따른 차이검증을 실시하고 〈표 18〉와 같이 결과를 제시하였다.

｜표 18｜ 성별 경로계수 차이 검증 결과

가설	단순비교 기준에 따른 차이검증 결과		유의성 검증 결과에 따른 차이검증 결과		
	남성	여성	t값(CMIN)	p값	유의여부
가설10(UC→PE)	채택	기각	1.713	0.191	비유의
가설11(EC→PE)	기각	채택	7.455	0.006	유의함
가설12(CO→PE)	기각	채택	0.177	0.674	비유의
가설13(UC→PU)	기각	기각	2.203	0.138	유의함
가설14(EC→PU)	기각	채택	0.606	0.436	비유의
가설15(CO→PU)	기각	기각	0.767	0.381	비유의
가설16(PE→PU)	채택	채택	0.148	0.700	비유의
가설17(PE→UI)	채택	채택	0.172	0.678	비유의
가설18(PU→UI)	채택	채택	0.061	0.805	비유의

주 : 5% 유의수준에서는 t값이 1.96 이상이어야 함

차이검증 결과 가설2(EC→PE)와 가설4(UC→PU)의 t값이 1.96보다 커서 차이 검증에 대한 유의성이 있는 것으로 나타났다.

제5절 소결론

본 연구는 핀테크의 중심에 서있는 모바일 지갑의 사용요인을 밝히고자 TAM의 외부변수로 모바일 지갑의 제품특성인 편리성, 경제성, 상황기반제공성을 추출하고 지각된 용이성과 지각된 유용성을 매개로 사용요인을 규명하고자 하였다. 아울러 모바일 지갑 사용자의 성별 사용요인에 대한 집단 간의 차이점을 파악하여 학문적 시사점과 실무적 시사점을 제공하고자 하였다.

본 연구의 학술적 시사점으로는 모바일 지갑이 핀테크의 중심에 서 있음에도 불구하고 모바일 지갑에 대한 소비자의 사용요인에 관한 연구는 많지 않은 상황이며, 모바일 지갑에 대한 초기의 연구라는 점이다. TAM의 외부변수 추출 시에

모바일 지갑 앱을 다운로드한 경험자들의 이용후기를 통해 모바일 지갑 제품특성의 편리성, 경제성이라는 변수를 추출 하였다는 점이라 할 수 있다. 혁신의 사용요인으로 다양한 변수들이 사용되고 있으나, 모바일 지갑에서도 편리성과 경제성이 주요한 변수임을 다시 한 번 확인 할 수 있었다. 아울러, 모바일 지갑에 대한 제품특성 요인을 탐색하기 위한 노력의 하나로 타 분야의 선행연구를 토대로 편리성, 경제성, 상황기반제공성, 지각된 용이성 및 지각된 유용성을 연구모형에 포함시켜 분석한 결과 이들 세 개의 요인은 모바일 지갑의 사용의도에 유용하게 활용될 수 있음을 확인하였다.

본 연구의 실무적인 시사점은 첫째, 모바일 지갑의 편리성이 용이성의 지각에 영향을 미치는 것으로 나타났다. 모바일 지갑과 같은 앱 개발 시에는 편리성이라는 항목이 중요한 요소임이 재발견 되었다고 볼 수 있다. 특히, 오늘날과 같이 수많은 앱이 넘쳐나는 시기에 특별한 노력이나 경험 없이 직관적으로 사용이 가능한 모바일 지갑을 개발하고 업데이트를 하는 것이 중요하다고 할 수 있다. 둘째, 상황기반제공성이 지각된 용이성에는 영향을 미치나, 지각된 유용성에는 영향을 미치지 않는 것으로 나타났다. 많은 앱이 고객의 동의하에 위치파악에 근거하여 많은 서비스를 제공하고 있으나 이러한 서비스가 용이성에는 긍정적인 영향을 미칠 수 있으나, 그러한 기능이 유용하다고 지각하지는 않는다는 중요한 시사점을 제공해 주고 있다. 따라서 모바일 지갑과 같은 유사한 제품을 개발 시 고객들의 선택에 따라 상황기반제공성을 고객들이 상황에 따라 선택할 수 있도록 하는 기능을 개발하고 고객들이 쉽게 조작할 수 있도록 해야 한다는 점이다. 아울러 상황기반제공 서비스를 제공할 경우에는 반드시 고객들이 유용하다고 느낄 수 있는 제품을 개발하는 것이 중요하다. 상황기반제공성은 자칫 사용자들의 피로감만 더 할 수 있다는 점을 개발과 운용 시 반영되어야 할 것이다. 셋째, 남성과 여성간의 모바일 지갑에 대한 차이가 존재한다는 것이다. 남성은 상황기반제공성만이 지각된 용이성에 영향을 미치나 여성은 상황기반제공성 이외에도 경제성이 용이성을 지각하는데 유의한 영향을 미치고 있음이 밝혀졌다. 따라서 서비스 제공사들은 남성과 여성에 대해서는 경제성 요소가 중요한 요소임을 감안한 모바일 지갑의 운영이 필요하다고 할 수 있다. 즉, 남성과 여성에 대한 마케팅의 포인트가 달라져야함을 보여주고 있다.

본 연구의 한계점으로는 첫째, 모바일 지갑에 대한 많은 업체가 많음에도 불구하고 금융사와 통신사의 대표적인 브랜드에 한정된 연구를 진행함으로써 모바일 지갑 사용요인에 대한 편향을 가져 올 수 있다는 점이다. 따라서 향후 연구에서는 업종별 등 더 다양한 분야의 모바일 지갑에 대한 추가적인 사용요인에 대한 연구가 필요하다고 할 수 있겠다. 둘째, 모바일 지갑에 대한 초기 연구로서 갖는 한계점이다. 향후 편리성, 경제성, 상황기반제공성 이외에도 모바일 지갑에 대한 사용요인을 설명할 수 있는 연구들이 필요하다고 할 수 있다. 모바일 지갑은 유기체처럼 변화를 거듭하면서 진화할 것으로 보여 지속적인 연구가 필요하다고 할 수 있다. 셋째, 향후 연구에서는 모바일 지갑의 만족과 지속사용 요인 등과 같은 사용자들에 대한 추가 연구들이 진행 되어야 할 것이다.

V O2O의 구전의도에 미치는 요인: 사용자 만족과 지속적 사용의도의 매개효과와 성별 조절효과를 중심으로

제1절 연구의 목적과 필요성

스마트폰의 보급 확대는 개인 간의 커뮤니케이션 활성화에 크게 기여하고 있다. 이러한 커뮤니케이션 활성화로 인하여 제품을 구입한 고객들은 제품을 구입한 이후에도 구매경험을 SNS 등을 통해 공유하는 구전활동에 직·간접적으로 참여하게 된다. 이러한 구전들이 미디어 매체를 통한 효과 이상이라는 사실이 알려지면서 구전의도에도 많은 연구들이 진행되고 있다. 금융당국의 규제완화와 IT기술의 발달로 지급결제분야를 필두로 핀테크가 부상하고 있다. 모바일 지갑은 핀테크의 지급결제분야 중 하나로 분류된다(이상기·강명수, 2015). 모바일 지갑은 사용자의 위치를 기반으로 온라인과 오프라인을 연계한 O2O(Online to Offline 또는 Offline to Online)서비스를 제공을 특징으로 한다. 고객은 기업에게 있어 가장 중요한 존재의 이유이기도 하며 기업의 존망을 결정할 수 있는 요소이다. 기업에게 고객은 가장 소중한 자산이다. 고객유치를 위한 초기비용 부담에도 불구하고 지속적인 관계 유지가 되지 않는다면 손실이 지속적으로 확대되는 악순환을 가져올 수밖에 없을 것이다. 모바일 지갑의 확산 및 비즈니스의 성공을 위한 사용자 만족, 지속적 사용, 구전의도에 미치는 영향요인을 파악이 필요가 있다. 아울러 정보기술사용에 있어 성별에 따른 차이가 있다는 많은 연구들이 제시되고 있다. 이는 성별에 따라 제품개발과 마케팅 전략 등이 달라야 함을 의미한다. 특히 모바일 지갑과 같은 혁신적인 IT제품의 경우에 있어 성별 간의 차이점을 알아보고 시사점을 도출하고자 한다.

본 연구는 지각된 유용성, 지각된 용이성, 지각된 즐거움의 Technology Acceptance Model3(TAM 3)과 사용자 만족, 지속적 사용, 구전의도에 관한 후기사용모델(Post Acceptance Model: PAM)을 활용하여 모바일 지갑의 구전의도에 미치는 영향을 파악코자 하며 성별에 따른 차이를 비교하여 세분화된 마케팅 전략 방안을 제시하고자 한다.

제2절 가설의 설정

본 연구의 목적은 〈그림 21〉의 연구모형에서 제시된 것처럼 후기사용모델(Post Acceptance Model: PAM)을 활용하여 모바일 지갑에 대한 지각된 유용성, 지각된 용이성, 지각된 즐거움, 지각된 보안성, 사용자 만족, 지속적 사용과 구전의도에 미치는 영향을 미치는지를 규명하고자 한다.

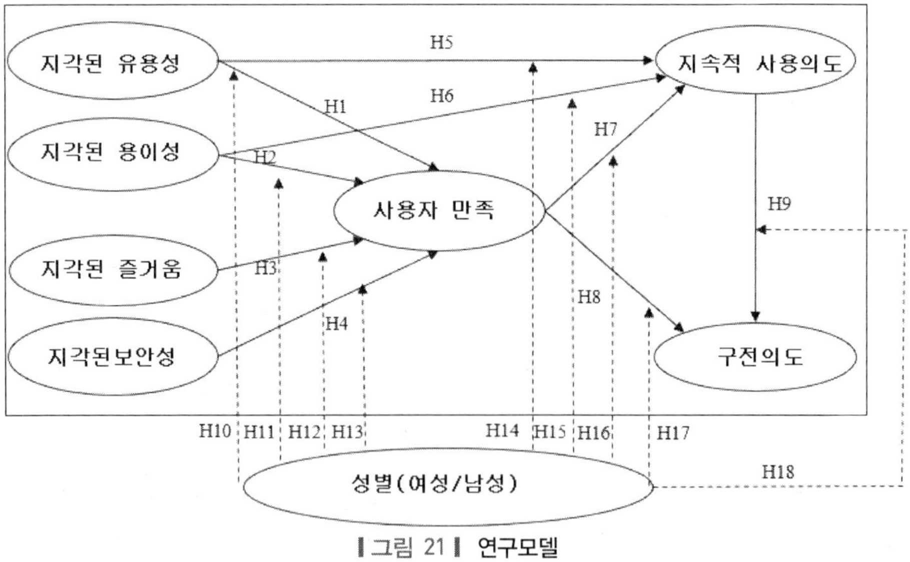

┃그림 21┃ 연구모델

즉, 지각된 유용성, 지각된 용이성, 지각된 즐거움, 지각된 보안성은 사용자 만족에 영향을 미치고, 지각된 유용성, 지각된 용이성과 사용자 만족은 지속적 사용에 영향을 미치고, 사용자 만족과 지속적 사용은 구전의도에 영향을 미치는 것으로 가정하였다. 사용자 성별 간의 차이가 있는 것으로 가정하고 규명하고자 한다.

2.1 지각된 유용성 · 용이성 · 즐거움 · 보안성, 사용자 만족, 지속적 사용의도, 구전의도 간의 관계

본 연구에서는 후기사용모델의 근간이 되는 사용자 만족에 영향을 미치는 변수를 이론과 선행연구에 근거하여 지각된 유용성, 지각된 용이성, 지각된 즐거움, 지각된 보안성이 사용자 만족에 영향을 미치는 것으로 가정을 설정 하였다. TAM 3에 따르면 지각된 유용성, 지각된 용이성, 지각된 즐거움이 정보기술사용 설명에 관련성이 있는 것으로 나타났다(Igbaria, Iivari, & Maragahh, 1995; Pikkarainen, Karjaluoto, & Pahnila, 2004; Teo, Lim, & Lai, 1999; Venkatesh, & Davis, 2000), 모바일 지갑은 실물지갑을 대체함으로서 생활에 편리할 뿐만 아니라 일상생활에 필요한 멤버십 카드, 쿠폰, 기프트콘, 상품권 등을 제공하고 있으며, 위치정보를 활용한 상황기반서비스를 제공함으로써 사용자들이 유용하다고 지각할 것이라고 추론할 수 있다. 선행연구에서도 지각된 유용성이 사용자 만족에 정(+)의 영향을 미치는 것으로 알려져 있다(목혜민 · 최상민 · 문태수, 2014; 염창선 · 홍재범, 2004; 오재신 · 강태경, 2009; 이경근 · 노영, 2006; 전병호 등, 2005; 정영수 · 정철호, 2010; 최계봉, 2012; 하성호 등, 2012; 홍성준 2012), 이를 반영하여 〈가설 1〉을 설정 하였다.

〈가설 1〉 모바일 지갑의 지각된 유용성은 사용자 만족에 정(+)의 영향을 미칠 것이다.

모바일 지갑 앱은 오픈플랫폼 형태로 개발되어 스마트폰 바탕화면에서 플레이스토어에서 누구나 무료로 다운로드 받아 설치할 수 있고, 서비스개발사들이 개발한 앱은 간단한 본인 확인 절차만 거치면 곧바로 사용이 가능하다. 대부분의 앱이 그렇듯이 특별한 설명이나 매뉴얼 없이도 사용이 가능하며 누구나 쉽게 배울 수 있다는 장점에 근거해서 지각된 용이성은 사용자 만족에 긍정적인 정(+)의 영향을 미칠 것이라고 추론 하였다. 선행연구에서도 사용에 대한 용이성의 지각은 사용자 만족에 정(+)의 유의미한 영향을 미친다는 많은 연구들이 이를 뒷받침하고 있다(노미진, 2010; 노영 · 이경근, 2005; 목혜민 등, 2014; 염창선 · 홍재범, 2004; 이경근, 2007; 전병호 등, 2005; 조철호 · 강병서, 2009; 탁동일, 2014), 선행연구와 추론을 바탕으로 모바일 지갑의 지각된 용이성과 사용자 만족간의 관계를 반영하여 〈가설 2〉을 설정하였다.

〈가설 2〉 모바일 지갑의 지각된 용이성은 사용자 만족에 정(+)의 영향을 미칠 것이다.

모바일 지갑은 지급결제, 송금, 멤버십 카드, 쿠폰, 상품권, 기프트콘 등의 보관이외에도 다양한 기능들을 포함하고 있다. 금융사 모바일 지갑은 '더치페이', '복불복', '송금 후 메시지 전송' 기능 등을 포함하고 있으며, 통신사 모바일 지갑은 상품권이나 기프트콘을 선물하고 메신저로 대화가 가능하다. 또한, 상대방의 사용여부 확인도 가능한 기능을 보유함으로써 즐거움을 느낄 수 있다. 이러한 장점들은 모바일 지갑 사용자들에게 즐거움을 선사할 수 있으며, 즐거움의 지각은 사용자 만족에 정(+)의 영향을 미칠 것으로 추론된다. 선행연구에서도 지각된 즐거움이 사용자 만족에 정(+)의 영향을 미친다고 하였다(목혜민 등, 2014; 변현수, 2011; 이종만, 2012; 유철우 · 최영찬, 2009; 추호정 · 정선미 · 김상조, 2010; 홍성준, 2012), 이를 반영하여 본 연구에서도 〈가설 3〉을 설정하였다.

〈가설 3〉 모바일 지갑의 지각된 즐거움은 사용자 만족에 정(+)의 영을 미칠 것이다.

모바일 지갑은 지급결제와 소액송금과 같은 금융거래가 수반되며, 계좌번호, 신용카드 번호와 같은 개인정보에 대한 유출 및 해킹 우려가 있다. 따라서 모바일 지갑도 보안성에 대한 우려가 있는 만큼 모바일 지갑의 보안이 잘 되어 있어 안전하다고 느끼는 보안성은 모바일 지갑의 사용과 사용자 만족에 정(+)의 영향을 미칠 것으로 추론된다. 정철호 · 정영수(2008)에 따르면 인터넷뱅킹의 지각된 보안성은 고객만족에 긍정적인 영향을 미친다고 하였으며, 다른 연구들에서도 이러한 결과들을 지지하고 있다(변충규 등, 2009; 하성호 · 주성현 2010; 정영수 · 정철호 2010), 위의 추론과 선행연구를 바탕으로 모바일 지갑의 보안성에 대한 지각이 사용자 만족에 영향을 미칠 것으로 가정하고 〈가설 4〉를 설정 하였다.

〈가설 4〉 모바일 지갑의 지각된 보안성은 사용자 만족에 정(+)의 영향을 미칠 것이다.

모바일 지갑은 실물지갑 대체와 멤버십 카드, 쿠폰, 상품권, 기프트콘 등을 보관 하거나 사용이 가능함으로써 유용성에 대한 지각은 모바일 지갑을 지속적으로 사용케 하는 요인이 될 것으로 추론 할 수 있다. 기존의 많은 선행연구를 통해서도 이러한 사실을 뒷받침하고 있다(이민화, 2003; 이웅규, 2007; 이현수 · 채영일, 2013; 하성호 등, 2012; 한상일, 2013a) 등이 있다. 선행연구와 추론을 바탕으로 본 연구에서도 〈가설 5〉를 설정 하였다.

〈가설 5〉 모바일 지갑의 지각된 유용성은 지속적 사용의도에 정(+)의 영향을 미칠 것이다.

모바일 지갑은 기존의 무겁고 두꺼운 실물지갑을 항상 휴대하는 모바일 안에 보관한다. 또한, 과거의 멤버십 카드를 꺼내거나, 쿠폰 또는 상품권을 찾을 필요가 없이 모바일 앱을 활성화함으로써 간편하게 결제를 할 수 있어 지각된 용이성은 모바일 지갑을 지속적으로 사용케 하는 요인이 될 것으로 추론 할 수 있다.

기존의 선행연구를 통해서도 이러한 사실이 뒷받침되고 있다(이민화, 2003; 이웅규, 2007; 이현수 · 채영일, 2013; 하성호 등, 2012; 한상일, 2013a) 등이 있다. 선행연구와 추론을 바탕으로 본 연구에서도 〈가설 6〉를 설정 하였다.

〈가설 6〉 모바일 지갑의 지각된 용이성은 지속적 사용의도에 정(+)의 영향을 미칠 것이다.

선행연구에 따르면 사용자 만족은 지속적 사용의도에 정(+)의 영향을 미친다고 하였다(노영 · 이경근, 2005; 오재신 · 강태경, 2009; 장영명, 2013; 조철호 · 강병서, 2007; 탁동일, 2014; 하성호 등, 2012), 위의 선행연구들을 근거로 모바일 지갑에 대한 사용자 만족은 지속적 사용의도에 정(+)영향을 미칠 것이라고 추론되어 〈가설 7〉을 설정 하였다.

〈가설 7〉 모바일 지갑의 사용자 만족은 지속적 사용의도에 정(+)의 영향을 미칠 것이다.

사용자 만족, 지속적 사용의도 및 구전의도 간의 관계는 후기사용모델에 근거한다(Bhattacherjee, 2001b). 만족한 고객은 지속적으로 사용할 의향과 구전의도가 있으며 지속적 사용의도가 있는 사용자는 구전의도에 정(+)의 영향을 미친다는 사실을 규명하였다. 사용자 만족이 구전의도에 영향을 미친다는 선행연구로는 염창선 · 홍재범(2004), 오재신 · 강태경(2009), 조철호 · 강병서(2007), 탁동일(2014) 등이 있다. 이러한 선행연구들과 추론에 근거하여 모바일 지갑에 대한 사용자 만족은 구전의도에 정(+)의 영향을 미칠 것으로 추론하고 〈가설 8〉을 설정 하였다.

〈가설 8〉 모바일 지갑의 사용자 만족은 구전의도에 정(+)의 영향을 미칠 것이다.

지속적 사용의도가 구전의도에 영향을 미친다는 선행연구로는 조철호 · 강병서(2007), 오재신 · 강태경(2009) 등이 있다. 선행연구들과 추론들을 근거로 지속적 사용의도가 구전의도에 정(+)의 영향을 미친다는 〈가설 9〉을 설정 하였다.

〈가설 9〉 모바일 지갑의 지속적 사용의도는 구전의도에 정(+)의 영향을 미칠 것이다.

2.2 성별 조절효과

사회과학자들을 포함해 많은 학자들은 성별의 차이에 많은 관심을 갖고 연구를 진행해 왔다. 성별에 따라 제품과 서비스 선택 시 고려되어야 할 요인이 다른 것으로 알려져 있다(Meyers-Levy & Sternthal, 1991), 특히, 정보기술제품들의 경우에 있어 성별 간의 차이가 있음을 밝히고 있다(유일 · 이경근, 2007; 최지은, 2015; 노미진, 2010; 노미진 등, 2011), Venkatesh & Morris(2000)에 따르면 남성 사용자 집단은 유용성이 기술사용태도에 강력한 영향을 미치며, 여성은 주관적 규범과 사용의 용이성이 강력한 영향을 미친다고 하였다. 이러한 선행연구를 바탕으로 모바일 지갑의 경우에도 남성과 여성 사용자 집단 간에 차이가 있을 것으로 추론하고 〈가설 10〉 ~ 〈가설 18〉를 설정하였다.

〈가설 10〉 성별에 따라 지각된 유용성은 사용자 만족에 미치는 영향력이 달라질 것이다.

〈가설 11〉 성별에 따라 지각된 용이성은 사용자 만족에 미치는 영향력이 달라질 것이다.

〈가설 12〉 성별에 따라 지각된 즐거움은 사용자 만족에 미치는 영향력이 달라질 것이다.

〈가설 13〉 성별에 따라 지각된 보안성은 사용자 만족에 미치는 영향력이 달라질 것이다.

〈가설 14〉 성별에 따라 지각된 유용성이 지속적 사용의도에 미치는 영향력이 달라질 것이다.

〈가설 15〉 성별에 따라 지각된 용이성이 지속적 사용의도에 미치는 영향력이 달라질 것이다.

〈가설 16〉 성별에 따라 사용자 만족이 지속적 사용의도에 미치는 영향력이 달라질 것이다.

〈가설 17〉 성별에 따라 사용자 만족이 구전의도에 미치는 영향력이 달라질 것이다.
〈가설 18〉 성별에 따라 지속적 사용의도가 구전의도에 미치는 영향력이 달라질 것이다.

제3절 구성개념의 조작적 정의 및 측정

연구를 위한 선행연구에서 활용된 척도를 바탕으로 각각의 개념들에 대한 다항목 척도를 활용하여 경험 자료를 확보 하였다. 연구의 주요개념에 대한 조작적 정의 및 측정은 〈표 19〉와 같다. 지각된 유용성은 모바일 지갑은 생활에 유용하다고 지각하는 정도를 말하며, 지각된 유용성은 모바일 지갑은 누구나 쉽게 사용할 수 있다고 지각하는 정도를 말하며 지각된 유용성과 지각된 용이성은 Davis(1989), Lu *et al.,*(2005), Taylor & Todd(1995)의 원자료와 김성수 등(2011), 김상훈(2011) 등을 바탕으로 재구성 하였다. 지각된 즐거움은 모바일 지갑을 사용하는 것이 즐겁다고 지각하는 정도를 말하며 지각된 즐거움은 선행연구들 가운데 Ducoffe(1996), Novak *et al.,*(2000), Moon, & Kim(2001), Koufaris(2002), 이종만(2012) 등을 바탕으로 재구성 하였다. 지각된 보안성은 모바일 지갑 사용 시 안전하다고 지각하는 정도를 말하며 선행연구들 가운데 Babin *et al.,*(1994), Batra & Ahtola(1991), Shukla & Babin(2013), Chang & Tseng(2013) 등을 바탕으로 재구성 하였다. 사용자 만족은 모바일 지갑 서비스에 만족하는 정도를 의미하며 선행연구들 가운데 Oliver(1980), Engel 등(1993) 등을 바탕으로 재구성 하였다. 지속적 사용의도란 모바일 지갑을 지속적으로 사용할 의지를 말하며 선행연구들 가운데 Davis(1989), Agarwa & Karahanna(2000) 등을 바탕으로 재구성 하였다. 구전의도란 모바일 지갑의 사용을 추천하고 전파하고자 하는 정도를 말한다. 선행연구들 가운데 Bone(1995), 김영택 등(2006), 허경옥(2013) 등을 바탕으로 재구성 하였다.

| 표 19 | 변수의 조작적 정의 및 측정항목

변수	조작적 정의	측정문항		관련연구
지각된 유용성	모바일 지갑은 생활에 유용하다	PU1	정보를 얻는 시간을 줄여준다	Davis(1989) Lu *et al.*,(2005) Taylor & Todd(1995) 김성수 등(2011) 김상훈(2011)
		PU2	필요한 서비스를 얻는데 도움이 된다.	
		PU3	생활에 유용하다	
		PU4	나의욕구를 잘 충족 시켜준다	
지각된 용이성	모바일 지갑은 누구나 쉽게 사용할 수 있다	PE1	이용 시 많은 노력이 필요하지 않다	Davis(1989) Taylor & Todd(1995) Lu *et al.*,(2005) 김성수 등(2011) 김상훈(2011)
		PE2	누구나 쉽게 이용할 수 있다	
		PE3	이용법을 쉽게 배울 수 있다	
		PE4	사용법은 쉽다	
지각된 즐거움	모바일 지갑을 사용하는 것은 즐겁다	PP1	사용방식이 특이하다고 재미있다	Ducoffe(1996) Novak *et al.*,(2000) Moon & Kim(2001) Koufaris(2002) 이종만(2012)
		PP2	사용은 흥미를 유발한다.	
		PP3	사용은 호기심을 자극한다.	
		PP4	사용은 즐거운 일이다	
지각된 보안성	모바일 지갑은 사용 시 안전하다고 믿는다.	SE1	거래정보 유출 위험이 낮다	Babin *et al.*,(1994) Batra & Ahtola(1991) Shukla & Babin(2013) Chang & Tseng(2013)
		SE2	해킹 위험이 낮다	
		SE3	개인정보 유출 위험이 낮다	
사용자 만 족	모바일 지갑의 서비스에 만족한다.	SF1	서비스 경험에 만족한다.	Oliver(1980) Engel 등(1993)
		SF2	서비스 품질에 만족한다.	
		SF3	각종혜택에 만족한다.	
		SF4	편리성에 만족한다.	
지속적 사용 의도	모바일 지갑을 지속적으로 사용할 것이다	CU1	지속적으로 이용할 것이다	Davis(1989) Agarwa & Karahanna (2000)
		CU2	자주 이용할 것이다	
		CU3	일상생활에 활용할 것이다	
구전 의도	모바일 지갑 사용을 추천하고 전파 할 것이다	WM1	지인들에게 이야기 할 것이다	Bone(1995) 김영택 등(2006) 허경옥(2013)
		WM2	지인들에게 추천할 것이다	
		WM3	지인들에게 사용을 권유할 것이다	

연구변수들은 리커트 7점 척도(1: 전혀 그렇지 않다, 2: 약간 그렇지 않다, 3: 그렇다, 4: 보통이다, 5: 그렇다, 6: 약간 그렇다, 7: 확실히 그렇다)로 측정하였다. 총 703부의 설문지가 배포되었으며 591부가 회수되어 회수율은 84.1%

이었다. 이 중에서 표본으로서 의미를 상실한 112부의 설문지를 제외한 479부의 설문지가 분석에 사용되었다.

표본은 479개로 최소요구량을 충족하였다(Joreskog & Sorbom, 1989), 수집된 자료에 대한 신뢰성과 타당성 분석, 기술통계 분석 및 가설검증을 수행하기 위해 사회과학용 통계 패키지인 SPSS 22.0과 AMOS 22.0을 사용 하였다.

제4절 연구가설의 검증

4.1 표본의 인구통계학적 특성

응답자의 특성을 파악하기 위해 인구통계 설문항목의 문항으로 성별, 연령, 직업, 거주지, 주로 사용하는 모바일 지갑의 종류, 모바일 지갑의 사용기간 등을 조사하였다. 본 연구의 표본 479명의 특성은 〈표 20〉과 같다. 성별은 여성 208(43.4%), 남성 271명(56.6%)이며, 연령은 30대(170명, 35.5%), 20대(151명, 31.5%), 40대(113명, 23.6%)로 20대 ~ 40대가 많았다. 주로 대도시와 수도권에 거주하는(449명, 93.7%), 회사원 365명(76.2%)들이었다.

| 표 20 | 표본의 인구통계학적 특성

구분		빈도(명)	비율(%)	구분		빈도(명)	비율(%)
성별	여성	208	43.4	거주지	특별·광역시	292	61.0
	남성	271	56.6		수도권	157	32.8
나이	10대	16	3.3		지방도시 등	30	6.2
	20대	151	31.5	주모바일 지갑	금융사	241	50.3
	30대	170	35.5		통신사	238	49.7
	40대	113	23.6	사용 기간	1-6개월	112	23.4
	50대	29	6.1		7-12개월	147	30.7

구분		빈도(명)	비율(%)	구분		빈도(명)	비율(%)
직업	학생	72	15.0		13-24개월	142	29.6
	회사원	365	76.2		25-36개월	11	2.3
	기타	42	8.8		37개월 이상	67	14.0

주로 사용하는 모바일 지갑은 금융사와 통신사가 각각 241명(50.3%), 238명(49.7%)로 비슷한 수준이었다. 사용기간은 1년 이내 54.1%, 1년 초과가 45.9%로 나타나 비교적 고른 분포의 설문이 진행 된 것으로 보인다.

각 측정변수의 표본은 479개이며, 각 변수에 대한 평균, 표준편차, 왜도, 첨도의 기술통계량 〈표 21〉와 같다. 각 변수의 표준편차가 3이상이고, 왜도의 절대값이 3이상이며, 첨도의 절대 값이 8.0 이상이 없으므로 개별 측정변수들은 정규분포를 가지는 것으로 볼 수 있다.

▌표 21▐ 측정변수의 기술통계량

변수		표본수	평균	표준편차	왜도	첨도
잠재변수	항목명					
지각된 유용성	PU1	479	4.82	1.207	-0.172	0.072
	PU2	479	4.84	1.194	-0.394	0.403
	PU3	479	4.37	1.275	-0.068	0.052
	PU4	479	4.48	1.246	-0.181	0.348
지각된 용이성	PE1	479	4.77	1.200	-0.367	0.444
	PE2	479	4.68	1.276	-0.272	-0.081
	PE3	479	4.85	1.186	-0.270	0.136
	PE4	479	4.81	1.247	-0.364	0.223
지각된 즐거움	PP1	479	4.24	1.305	-0.121	-0.007
	PP2	479	4.16	1.324	-0.166	-0.097
	PP3	479	4.13	1.367	-0.134	-0.367
	PP4	479	4.11	1.339	-0.103	-0.030

변수		표본수	평균	표준편차	왜도	첨도
잠재변수	항목명					
지각된 보안성	SE1	479	3.94	1.343	0.039	−0.063
	SE2	479	3.83	1.407	0.152	−0.086
	SE3	479	3.78	1.446	0.150	−0.231
사용자 만 족	SF1	479	4.82	1.217	−0.393	0.235
	SF2	479	4.74	1.205	−0.429	0.410
	SF3	479	4.62	1.192	−0.104	−0.033
	SF4	479	4.99	1.256	−0.396	0.141
지속적 사용의도	CU1	479	5.04	1.246	−0.347	−0.045
	CU2	479	4.84	1.254	−0.164	−0.194
	CU3	479	4.96	1.281	−0.392	0.117
구전의도	WM1	479	4.43	1.349	−0.149	−0.045
	WM2	479	4.53	1.330	−0.286	0.062
	WM3	479	4.46	1.347	−0.159	−0.072

4.2 신뢰성과 타당성 분석

설문항목들은 기존 전자상거래와 인터넷뱅킹 연구에서 타당성과 신뢰성을 인정받은 항목들로 구성 하였다.

▎표 22▎ 탐색적 요인분석 및 신뢰도분석 결과

변수			요인1	요인2	요인3	요인4
요인		측정문항				
외생변수	지각된 유용성	PU1			0.849	
		PU2			0.830	
		PU3			0.800	
		PU4			0.802	
	지각된 용이성	PE1		0.801		
		PE2		0.855		
		PE3		0.869		
		PE4		0.839		
	지각된 즐거움	PP1	0.835			
		PP2	0.916			
		PP3	0.899			
		PP4	0.815			
	지각된 보안성	SE1				0.906
		SE2				0.951
		SE3				0.908
설명분산(%)			22.375	20.651	20.322	17.902
누적분산(%)			22.375	43.027	63.348	81.251
Cronbach's alpha			0.938	0.896	0.894	0.934
내생변수	사용자 만족	SF1	0.831			
		SF2	0.845			
		SF3	0.818			
		SF4	0.796			
	지속적 사용	CU1			0.867	
		CU2			0.819	
		CU3			0.818	
	구전의도	WM1		0.852		
		WM2		0.842		
		WM3		0.849		
설명분산(%)			31.642	26.469	26.017	
누적분산(%)			31.642	58.111	84.128	
Cronbach's alpha			0.910	0.948	0.905	

연구모형에 대한 설문항목들의 구성 타당성을 검증하기 위하여 탐색적 요인분석과 신뢰성 분석을 실시하고 결과를 〈표 22〉와 같이 제시 하였다. 각 측정항목의 신뢰성 계수(Cronbach's alpha)는 모두 0.8이상으로 나타나 측정항목들의 신뢰성은 확보 되었다. 요인 적재값(Factor Loading)은 0.7이상으로 나타나 타당성이 입증 되었다. 측정변수를 대상으로 확인적 요인분석 실행이 가능하다. 이에 앞서 잠재변수와 측정변수의 신뢰도와 타당도 검증을 수행하였다. 결과는 〈표 23〉과 같다.

❙ 표 23 ❙ 확인적 요인분석 결과

연구변수	항목	표준화 경로계수	평균값	표준편차	t값	p값	CR	AVE
지각된 유용성	PU1	0.808	4.82	–	–	–	0.849	0.679
	PU2	0.820	4.84	0.050	19.979	***		
	PU3	0.825	4.37	0.054	20.114	***		
	PU4	0.843	4.48	0.052	20.683	***		
지각된 용이성	PE1	0.698	4.77	–	–	–	0.854	0.690
	PE2	0.834	4.68	0.075	17.009	***		
	PE3	0.913	4.85	0.070	18.349	***		
	PE4	0.862	4.81	0.073	17.521	***		
지각된 즐거움	PP1	0.858	4.24	–	–	–	0.898	0.795
	PP2	0.934	4.16	0.038	29.268	***		
	PP3	0.922	4.13	0.039	28.516	***		
	PP4	0.850	4.11	0.042	24.457	***		
지각된 보안성	SE1	0.880	3.94	–	–	–	0.884	0.831
	SE2	0.965	3.82	0.035	32.411	***		
	SE3	0.887	3.78	0.038	28.214	***		
사용자 만 족	SF1	0.892	4.81	–	–	–	0.874	0.720
	SF2	0.886	4.74	0.036	27.512	***		
	SF3	0.793	4.62	0.039	22.312	***		
	SF4	0.819	4.99	0.040	23.683	***		
지속적 사용의도	CU1	0.877	5.03	–	–	–	0.857	0.761
	CU2	0.887	4.84	0.039	26.062	***		
	CU3	0.852	4.95	0.041	24.394	***		

연구변수	항목	표준화 경로계수	평균값	표준편차	t값	p값	CR	AVE
구전의도	WM1	0.879	4.43	-	-	-	0.912	0.861
	WM2	0.948	4.53	0.032	33.013	***		
	WM3	0.955	4.46	0.032	33.531	***		
적합도 χ^2=694.679(df=254, p=0.000, Q값(χ^2/자유도)=2.735, GFI=0.894, AGFI=0.865, NFI=0.937, SRMR=0.040								

측정모형의 적합도 지수는 χ^2=694.679(df=254, p=0.000, p≥0.05가 바람직), Q값(χ^2/자유도)=2.735(≤3이 바람직), GFI=0.894(≥0.90이 바람직), AGFI=0.865(≥0.80이 바람직), NFI=0.937(≥0.90이 바람직), SRMR=0.040(≤0.05가 바람직) 등 이었다. χ^2에 대한 p값과 GFI값이 권장 값보다 낮지만 다른 적합도 지수는 대체로 만족스러운 수준으로 나타나 단일차원성을 저해하지 않은 것으로 판단된다.

신뢰도분석 및 CFA 분석결과, 표준화된 요인적재량들은 모두 통계적으로 유의한 t값을 가지고 있어 구성개념 간의 집중타당성과 판별타당성이 확보되었으며 각 변수의 개념 신뢰도(Composite Reliability: CR)와 평균분산추출값(Average Variance Extracted: AVE)이 각각 0.80, 0.60이상으로 일반적인 임계치인(CR 0.7 이상, AVE 0.5 이상)보다 높게 나타나 측정항목들을 충분히 신뢰할 수 있고 해당 변수들에 대한 대표성을 갖는다고 할 수 있다. 각 변수들의 평균값은 사용자 만족에 영향을 미치는 변수들의 평균값의 순서는 지각된 용이성 4.78 〉 지각된 유용성 4.63 〉 지각된 즐거움 4.16 〉 지각된 보안성 3.85로 지각된 용이성이 가장 컸으며, 지각된 보안성이 3.85로 가장 낮았다. 아울러 사용자 만족의 평균값은 4.79, 지속적 사용의도 4.94, 구전의도 4.47로 나타났다. 각 잠재변수의 평균분산추출값(AVE)의 제곱근과 잠재변수들 사이의 상관계수들을 비교한 것으로 요인분석을 통한 단일 차원성이 입증된 각 요인들에 대해 판별타당성을 검증하고 〈표 24〉에 제시하였다.

| 표 24 | 구성개념 간의 판별타당도 분석결과

	PU	PE	PP	SE	SF	CU	WM
PU	**0.824**						
PE	0.487	**0.831**					
PP	0.544	0.387	**0.892**				
SE	0.235	0.208	0.306	**0.911**			
SF	0.612	0.661	0.550	0.317	**0.849**		
CU	0.668	0.607	0.525	0.246	0.624	**0.872**	
WM	0.601	0.541	0.521	0.385	0.662	0.709	**0.928**

주) AVE값은 제곱근 값

일반적으로 대각선에 표기된 각 변수의 평균분산추출값은 AVE의 제곱근 값으로 좌측과 하단에 표기된 각 잠재변수 간의 상관관계 보다 클 경우판별타당성이 확보되었다고 할 수 있다. 가장 높은 상관관계를 보이는 변수는 구전의도와 지속적 사용의도이며 상관계수가 0.709이나, AVE 제곱근 값이 모두 이를 상회하여 판별타당성이 확보된 것으로 분석되었다. 이상을 종합해 볼 때 본 연구에서 사용된 변수의 신뢰성과 타당성이 확보된 것으로 판단되며, 가설검증을 위한 구조모형을 시행해도 될 것으로 보인다.

4.3 가설검증

4.3.1 가설검증 1: 〈가설 1〉 ~ 〈가설 9〉

가설검증을 위한 전체적인 구조모형의 분석결과를 〈표 25〉에 제시하였다. 구조모형의 적합도 지수는 χ^2=736.880(df=260, p=0.000, p≥0.05가 바람직), Q값(χ^2/자유도)=2.834(≤3이 바람직), GFI=0.888(≥0.90이 바람직), AGFI=0.860(≥0.80이 바람직), NFI=0.933(≥0.90이 바람직), SRMR=0.053(≤0.05가 바람직) 등 이었다. 구조모형의 적합도 평가 결과 χ^2값, GFI, SRMR은 기준에

미치지 못하지만 Q값(χ^2/DF)이 3보다 작고, AGFI, NFI 등이 임계치를 충족하고 있어 전반적인 적합도는 만족스럽다고 판단된다.

가설검증 결과 t값이 임계치를 초과하고 있어 모두 유의한 결과를 보이며 모든 가설은 채택 되었다. 외생변수인 지각된 유용성, 지각된 용이성, 지각된 즐거움, 지각된 보안성이 사용자 만족에 미치는 영향에 대한 R2는 0.599, 지각된 유용성, 지각된 용이성과 사용자 만족이 지속적 사용의도에 미치는 영향에 대한 R2는 0.576이며, 사용자 만족과 지속적 사용의도가 구전의도에 미치는 영향에 대한 R2는 0.594이다. 가설결과는 다음과 같다

첫째, 모바일 지갑에 대한 지각된 유용성이 사용자 만족에 정(+)의 유의한 영향을 미칠 것이라는 〈가설 1〉의 검증결과, 지각된 유용성이 사용자 만족에 정(+)의 효과(경로계수 0.265, t값=5.534***)가 있는 것으로 나타나 〈가설 1〉은 채택 되었다.

둘째, 사용자의 모바일 지갑에 대한 지각된 용이성이 사용자 만족에 정(+)의 유의한 영향을 미칠 것이라는 〈가설 2〉의 검증결과 지각된 용이성은 사용자 만족에 정(+)의 효과(경로계수 0.426, t값=9.154***)가 있는 것으로 나타나 〈가설 2〉는 채택 되었다.

▌표 25▐ 가설검증 결과

구분	표준화 경로계수	t값	p값	결과	R^2
가설1(PU→SF)	0.265	5.534	***	채택	0.599
가설2(PE→SF)	0.426	9.154	***	채택	
가설3(PP→SF)	0.211	4.805	***	채택	
가설4(SE→SF)	0.112	3.106	0.002	채택	
가설5(PU→CU)	0.436	8.439	***	채택	0.576
가설6(PE→CU)	0.278	5.273	***	채택	
가설7(SF→CU)	0.176	3.045	0.002	채택	
가설8(SF→WM)	0.370	7.920	***	채택	0.594
가설9(CU→WM)	0.482	9.974	***	채택	
적합도	χ^2=736.880(df=260, p=0.000), χ^2/degree of freedom(Q)=2.834, GFI=0.888, AGFI=0.860, NFI=0.933, SRMR=0.053				

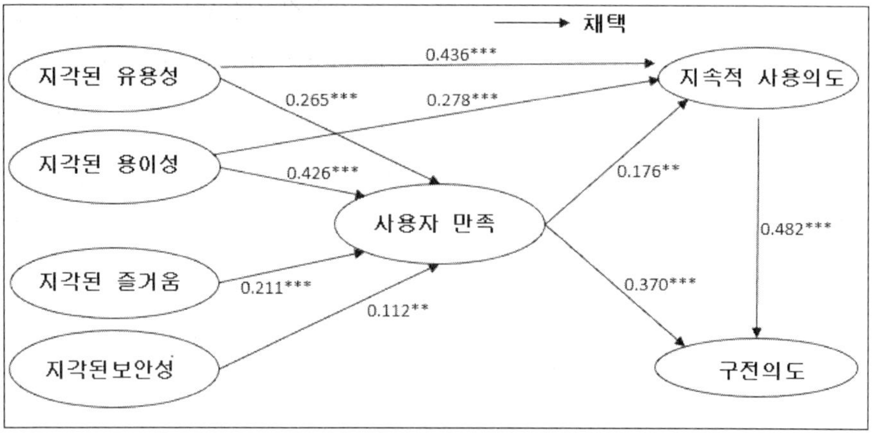

주 : *** p〈0.01, ** p〈0.05 수준에서 유의함.

❙그림 22❙ 표본분석 결과에 의해 검증된 도형

셋째, 모바일 지갑에 대한 지각된 즐거움은 사용자 만족에 정(+)의 유의한 영향을 미칠 것이라는 〈가설 3〉의 검증결과, 지각된 즐거움이 사용자 만족에 정(+)의 효과(경로계수 0.211, t값=4.805***)가 있는 것으로 나타나 〈가설 3〉은 채택되었다.

넷째, 모바일 지갑에 대한 지각된 보안성이 사용자 만족에 정(+)의 유의한 영향을 미칠 것이라는 〈가설 4〉의 검증 결과, 지각된 보안성은 사용자 만족에 정(+)의 효과(경로계수 0.112, t값=3.106***)로 나타나 〈가설 4〉는 채택 되었다.

다섯째, 모바일 지갑에 대한 지각된 유용성이 지속적 사용의도에 정(+)의 유의한 영향을 미칠 것이라는 〈가설 5〉의 검증결과, 지각된 유용성은 지속적 사용의도에 정(+)의 효과(경로계수 0.436, t값=8.439***)가 있는 것으로 나타나 〈가설 5〉는 채택 되었다.

여섯째, 모바일 지갑에 대한 지각된 용이성이 지속적 사용의도에 정(+)의 유의한 영향을 미칠 것이라는 〈가설 6〉의 검증결과, 지각된 용이성은 지속적 사용의도에 정(+)의 효과(경로계수 0.278, t값=5.273***)가 있는 것으로 나타나 〈가설 6〉는 채택 되었다.

일곱째, 모바일 지갑에 대한 사용자 만족이 지속적 사용의도에 정(+)의 유의한 영향을 미칠 것이라는 〈가설 7〉의 검증결과, 사용자 만족은 지속적 사용의도에 정(+)의 효과(경로계수 0.176, t값=3.045***)가 있는 것으로 나타나 채택 되었다.

여덟째, 모바일 지갑에 대한 사용자 만족이 구전의도에 정(+)의 영향을 미칠 것이라는 〈가설 8〉의 검증결과, 사용자 만족은 구전의도에 정(+)의 효과(경로계수 0.370, t값=7.920***)로 나타나 〈가설 8〉은 채택 되었다.

아홉째, 모바일 지갑에 대한 지속적 사용 의도는 구전의도에 정(+)의 영향을 미칠 것이라는 〈가설 9〉의 검증결과, 지속적 사용 의도는 구전의도에 정(+)의 영향의 효과(경로계수 0.482, t값=9.974***)가 있는 것으로 나타나 〈가설 9〉은 채택 되었다. 가설검증 결과, 가설 9개 모두 채택되었다. 이를 그림으로 나타내어 보면 〈그림 22〉와 같다.

본 연구에서는 외생변수(지각된 유용성, 지각된 용이성, 지각된 즐거움, 지각된 보안성)와 종속변수(구전의도) 간에 사용자 만족과 지속적 사용의도 간의 매개효과(혹은 간접효과) 여부를 알아보기 위해 통계적 유의성 검증을 실시하였다. 다중매개모델(Multiple mediator model)로 모델 적합도와 모수에 영향을 주지 않는 팬텀변수(Phantom variable) 방식의 부트스트래핑법(Bootstrapping Method)을 실시하였다. 매개효과 검증 결과는 〈표 26〉과 같다. 매개효과 검증결과, 각 독립변수는 사용자 만족을 매개로한 구전의도에 영향을 미치는 것으로 나타났으며, 지각된 용이성과 지각된 유용성도 지속적 사용을 매개로 구전의도에 영향을 미치는 것으로 나타났다.

표 26 매개효과 검증결과

경로	경로계수	p값	검증결과
PU→SF→WM	0.111	0.004	유의함
PE→SF→WM	0.213	0.004	유의함
PP→SF→WM	0.057	0.016	유의함
SE→SF→WM	0.202	0.006	유의함

경로	경로계수	p값	검증결과
PU→CU→WM	0.254	0.012	유의함
PE→CU→WM	0.188	0.007	유의함
PU→SF→CU→WM	0.026	0.070	비유의
PE→SF→CU→WM	0.050	0.075	비유의
PP→SF→CU→WM	0.014	0.096	비유의
SE→SF→CU→WM	0.048	0.114	비유의

주: $p<0.05$ 수준에서 유의함

이는 많은 선행연구들과 맥을 같이 하는 결과이다. 다만, 각 독립변수가 사용자 만족, 지속적 사용의도가 구전에 영향을 미치지를 분석한 검증결과에서는 모두 유의미하지 않아 기각되었다.

4.3.2 조절효과 검증: 〈가설 10〉 ~ 〈가설 18〉

본 연구에서는 모바일 지갑의 성별(남성/여성 사용자)에 따라서 지각된 유용성, 지각된 용이성, 지각된 즐거움, 지각된 보안성과 사용자 만족, 지속적 사용의도와 구전의도 간의 조절효과(Moderating Effects)를 검증하기 위해서 다중집단비교분석(Multi Group Structural Equation Model Analysis: MSEM)을 시행하고자 한다.

1) 사용자 성별 간 측정동일성 분석

사용자의 성별 간의 측정동일성을 확인하기 위해서 다중집단 확인요인분석(Multi-Sample Confirmatory Factor Analysis: MCFA)을 수행결과를 〈표 27〉에 제시 하였다. 다중집단 확인요인 분석결과, 비제약모형(Unconstrained Model)과 측정모형(Measurement Weight Model)의 회귀계수가 동일하다는 측정가중치모형 간의 Δdf=18(142−124), χ^2=22.188(1090.276−1068.088), χ^2차이의 p=0.224〉α=0.05로(비유의적) 나타나 사용자 성별집단 간의 측정동일성(또는 교차타당성)이 확보 되었다. 사용자 성별 간의 제약이 통계적으로 유의하지 않기 때문에 계산된 집단 간 모수는 상이하지 않는 것으로 평가 할 수 있다.

┃표 27┃ 집단 간 교차타당성 분석 결과

구분	비제약모형 (Unconstrained Model)	제약모형(구조가중치모형) (Measurement Weight Model)
χ^2	1068.088	1090.276
χ^2 차이	22.188	
χ^2 차이의 P-Value	0.224	

즉, 모수는 측정가중치가 동일함을 확인 하였으므로 측정동일성(교차타당성)이 확보 되었으므로 구조모형분석(MSEM)을 수행 할 수 있다.

2) 개별표본분석

측정동일성을 거친 후 두 집단(남성 사용자, 여성사용자)에 개별표본을 대상으로 SEM을 수행하였다. 남녀 사용자의 모형 적합도는 일부 지수가 적합도를 충족시키지 못하나 전반적으로는 부합된다고 보고, 개별표본에 대한 가설검정을 실시하였다. 개별표본에 대한 모형적합도와 가설검증 결과는 〈표 28〉과 〈그림 23〉 같다. 두 집단 간의 가설은 남성은 모두 채택된 반면, 여성 사용자 집단의 가설 16(사용자 만족→지속적 사용의도)은 통계적으로 유의하지($p>0.05$) 않아 기각 되었다.

분석결과, 남성들은 지각된 용이성이 사용자 만족에 미치는 영향이 가장 큰 영향(경로계수 0.466)을 미치는 것으로 나타났고, 지각된 보안성이 사용자 만족에 미치는 영향이 가장 낮은 영향력(경로계수 0.123)을 미치는 나타났다.

❙ 표 28 ❙ 성별 개별표본분석 가설검증 결과

	남성				여성			
	표준화 경로계수	t값	p값	결과	표준화 경로계수	t값	p값	결과
가설10(PU→SF)	0.189	2.991	0.00	채택	0.377	5.052	***	채택
가설11(PE→SF)	0.466	7.302	***	채택	0.342	4.985	***	채택
가설12(PP→SF)	0.249	3.935	***	채택	0.163	2.653	0.01	채택
가설13(SE→SF)	0.123	2.416	0.02	채택	0.114	2.191	0.03	채택
가설14(PU→CU)	0.295	4.623	***	채택	0.712	8.036	***	채택
가설15(PE→CU)	0.261	3.588	***	채택	0.242	3.336	***	채택
가설16(SF→CU)	0.323	4.061	***	채택	-0.064	-0.771	0.44	기각
가설17(SF→WM)	0.400	6.017	***	채택	0.340	5.040	***	채택
가설18(CU→WM)	0.436	6.654	***	채택	0.508	7.060	***	채택
적합도	χ^2=526.295(df=260, p=0.000), Q값(χ^2/자유도)=2.024, GFI=0.864, AGFI=0.830, NFI=0.920, SRMR=0.05				χ^2=590.939(df=260, p=0.000), Q값(χ^2/자유도)=2.273, GFI=0.818, AGFI=0.773, NFI=0.892, SRMR=0.056			

주: *** p〈0.01, ** p〈0.05 수준에서 유의함.

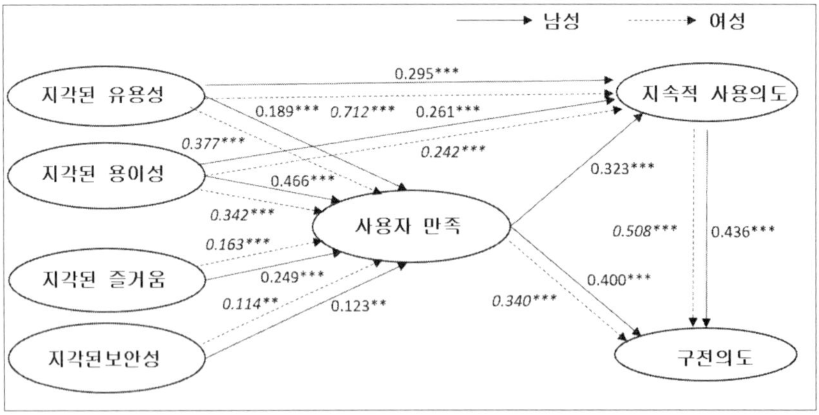

❙ 그림 23 ❙ 성별 개별표본분석 도출 모형

반면, 여성은 지각된 유용성이 지속적 사용의도에 미치는 영향이 가장 큰 영향(경로계수 0.712)을 미치는 것으로 나타났고, 사용자 만족이 지속적 사용의도에 미치는 영향력(경로계수 -0.064)이 가장 낮은 것으로 나타났다. 가설에 대한 검증결과는 다음과 같다.

이러한 결과는 남성과 여성은 지속적 사용의도에 미치는 영향 사용자 만족이 서로 다름을 알 수 있다. 가설 16은 집단별(남성과 여성)로 경로계수별 추정치를 보고 남성 집단의 추정치는 유의하지만 여성 집단의 추정치가 유의하지 않다고 하면 조절 효과가 있다고 단순하게 가정하게 된다.

3) 사용자 성별 다중비교분석에 의한 가설검증 : MSEM

집단 간의 경로계수의 유의성이 다른 가설만 가지고 값 차이(difference value : t값)에 따라 유의성 검증을 요약하고 결과를 〈표 29〉로 제시 하였다.

▌표 29▐ 성별 경로계수 차이 검증 결과

가설	단순비교 기준에 따른 차이검증 결과		유의성 검증 결과에 따른 차이검증 결과		
	남성	여성	t값(CMIN)	p값	결과
가설10(PU→SF)	채택	채택	4.999	0.025	○
가설11(PE→SF)	채택	채택	1.226	0.268	X
가설12(PP→SF)	채택	채택	0.789	0.375	X
가설13(SE→SF)	채택	채택	0.005	0.944	X
가설14(PU→CU)	채택	채택	16.267	0.000	○
가설15(PE→CU)	채택	채택	0.076	0.783	X
가설16(SF→CU)	채택	기각	12.007	0.001	○
가설17(SF→WM)	채택	채택	0.719	0.396	X
가설18(CU→WM)	채택	채택	0.759	0.384	X

주 : 5% 유의수준에서는 t값이 1.96 이상이어야 함

첫째, 지각된 유용성이 사용자 만족에 미치는 영향력에 대한 가설 10은 남성과 여성에 차이가 있는 것으로 나타나 채택되었으며, 여성(경로계수 0.377)이 남성(경로계수 0.189)보다 지각된 유용성이 사용자 만족에 미치는 영향력이 더 큰 것을 알 수 있다(t값=4.999).

둘째, 지각된 용이성이 사용자 만족에 미치는 영향력에 대한 가설 11은 남성과 여성에 차이가 없는 것으로 나타나 기각 되었다. 지각된 용이성은 남성과 여성의 모바일 지갑의 사용자 만족의 영향력에 차이가 없는 것으로 나타났다(t값 1.226).

셋째, 지각된 즐거움이 사용자 만족에 미치는 영향력에 대한 가설 12는 남성과 여성에 차이가 없는 것으로 나타나 기각 되었다. 지각된 즐거움은 남성과 여성의 모바일 지갑의 사용자 만족의 영향력에 차이가 없는 것으로 나타났다(t값 0.789).

넷째, 지각된 보안성이 사용자 만족에 미치는 영향력에 대한 가설 13은 남성과 여성에 차이가 없는 것으로 나타나 기각 되었다. 지각된 보안성은 남성과 여성의 모바일 지갑의 사용자 만족의 영향력에 차이가 없는 것으로 나타났다(t값 0.005).

다섯째, 지각된 유용성이 지속적 사용의도에 미치는 영향력에 대한 가설 14는 남성과 여성에 차이가 있는 것으로 나타나 채택되었으며, 남성(경로계수 4.623)이 여성(경로계수 0.712)보다 지각된 유용성이 지속적 사용의도에 미치는 영향력이 더 큰 것을 알 수 있다(t값=16.267).

여섯째, 지각된 용이성이 지속적 사용의도에 미치는 영향력에 대한 가설 15는 남성과 여성에 차이가 없는 것으로 나타나 기각 되었다. 지각된 용이성은 남성과 여성의 모바일 지갑의 지속적 사용의도의 영향력에 차이가 없는 것으로 나타났다(t값 0.076).

일곱째, 사용자 만족이 지속적 사용의도에 미치는 영향력에 대한 가설 16은 남성과 여성에 차이가 있는 것으로 나타나 채택되었으며, 남성(경로계수 0.323)

이 여성(경로계수 -0.064)보다 사용자 만족이 지속적 사용의도에 미치는 영향력이 더 큰 것을 알 수 있다(t값=12.007).

여덟째, 사용자 만족이 구전의도에 미치는 영향력에 대한 가설 17은 남성과 여성에 차이가 없는 것으로 나타나 기각 되었다. 사용자 만족은 남성과 여성의 모바일 지갑의 구전의도의 영향력에 차이가 없는 것으로 나타났다(t값 0.719).

아홉째, 지속적 사용의도가 구전의도에 미치는 영향력에 대한 가설 18은 남성과 여성에 차이가 없는 것으로 나타나 기각 되었다. 지속적 사용 의도는 남성과 여성의 모바일 지갑의 구전의도의 영향력에 차이가 없는 것으로 나타났다(t값 0.759).

모바일 지갑과 같은 혁신적인 제품의 경우 사용자의 성별에 따라 차이가 있음을 확인 하였다. 지각된 유용성이 남성은 사용자 만족에 큰 영향을 미치고, 여성은 지속적 사용의도에 큰 영향을 미치는 것으로 나타났다. 또한, 사용자 만족이 지속적 사용의도에 미치는 영향에서도 남성과 여성의 유의적인 차이가 있음을 확인 하였다. 이러한 성별 간의 차이는 제품개발과 마케팅전략을 실행함에 있어 핵심적인 역할을 할 수 있다(Okazaki & Hirose, 2009).

제5절 소결론

본 연구는 TAM3(지각된 유용성, 지각된 용이성, 지각된 즐거움), 지각된 보안성, 사용자 만족, 지속적 사용의도, 구전의도 간의 관계를 규명하고, 사용자의 성별집단간의 차이효과를 검증하였다. 연구 결과와 시사점은 다음과 같다.

첫째. 지각된 유용성, 지각된 용이성, 지각된 즐거움, 지각된 보안성은 사용자 만족에 정(+)의 유의적인 영향을 미쳤다. 이는 기존의 선행연구와 같은 결과이다. 모바일 지갑과 같은 유비쿼터스를 기반으로 한 모바일 앱의 개발과 운용 시 사용자 만족을 위해서는 유용한 제품이라는 것을 충분히 지각할 수 있도록 하여

야 하며, 큰 노력 없이도 쉽게 배우고 사용할 수 있어야 하고, 사용에 따른 즐거움이 수반될수록 사용자 만족이 향상된다는 점이다. 특히, 각종 거래와 경제적 가치 보관 시 사용되므로 사용자들로 앱의 보안이 충분하여서 개인정보나 거래 정보가 유출되거나 해킹되지 않는다는 보안성에 대한 지각이 충분해야 함을 시사하고 있다. 따라서 모바일 지갑의 사용자 만족을 위해서는 유용성, 용이성, 즐거움, 보안성이 충분히 반영하여 개발되어야 하고 마케팅 시에도 반영되어야 할 것이다.

둘째, 사용자 만족, 지각된 유용성 및 지각된 용이성이 지속적 사용에 영향을 미치는 것으로 규명되었다. 기업경영에 있어 수익창출은 신규고객이 유입되고 신규고객이 제품구입 후 사용해 보고 만족한 고객들이 재구매 또는 지속적인 사용으로 수익을 창출할 수 있다. 이를 위해 기업은 사용자 만족, 유용성 및 용이성 제고가 중요하며 이를 통해서 지속적 사용이 가능토록 할 수 있다. 유형의 제품뿐만 아니라 모바일 앱과 같은 서비스 제품도 동일하다.

셋째, 사용자 만족과 지속적 사용은 구전의도에 다소 높은 영향을 미치고 있는 것으로 나타났다. SNS 사용이 일상화 되면서 그 파급효과는 점점 커지고 있다. SNS을 통한 구전효과는 일반 미디어보다 훨씬 큰 것으로 알려져 있다. 기업은 SNS 등을 통한 구전에 민감하고 신속하게 대응할 필요가 있다. 기업은 고객만족도를 높이고 지속적 사용을 높일 수 있도록 기본에 충실함이 요구된다고 하겠다. 점점 중요해지는 구전의도를 불러일으키기 위해서는 지속적인 사용을 이끌어 내야하고, 사용자를 만족 시켜야 한다. 기업들은 마케팅에 많은 비용을 지출하지만, 진정한 구전을 위해서는 사용자 만족과 고객들의 지속적인 사용을 강화해야 한다.

넷째, 보안의 중요성이다. 모바일에서 사용되는 대부분의 앱은 다른 모바일 또는 기기들과의 상호작용을 통해서 정보를 수수하고 있으며, 이러한 과정에서 사용자들은 개인정보, 금융정보, 해킹에 대한 우려들이 상존한다. 모바일 지갑 앱과 같이 대부분의 앱은 초기 확산 중에 있어 보안에 대해 간과할 수 있다. 그러나 모바일 앱은 상호작용에 기반하고 있어서 보안을 염두에 두고 개발해야 하고 개발된 이후에도 사용자들이 해당 앱이 보안성에 문제가 없음을 인지시키는 노력들이 중요하다. 지속적인 업데이트 등을 통해서 보안문제가 발생하지 않도록 해야 하겠다. 모바일 지갑은 금융과 기술이 결합된 핀테크의 중심에 서있다.

다섯째, 사용자의 성별을 고려한 개발과 마케팅이 필요하다. 지각된 유용성이 사용자 만족에 미치는 영향과 지각된 유용성이 지속적 사용의도에 미치는 영향에서는 여성이 남성보다 높은 영향을 미치는 것으로 나타났으며, 사용자 만족이 지속적 사용의도에 미치는 영향에서는 남성은 높은 영향력을 미치는 반면 여성은 미치지 않은 것으로 나타났다. 또한, 남성은 지각된 용이성에서 높은 계수를 여성은 지각된 유용성에서 높은 계수를 보이고 있다. 즉, 여성에게는 높은 유용성이 강조되는 제품과 아이디어가 남성에게는 용이성이 마케팅의 포인트가 되어야 할 것이다.

본 연구는 모바일 지갑과 같은 혁신 상품이나 서비스를 대상으로 하였으며 다음과 같은 한계점을 갖는다. 첫째, 모바일 지갑 초기제품을 대상으로 한 오류의 가능성이다. 모바일 지갑은 지금도 업체들마다 개발에 참여하고 있고 새로운 모바일 지갑이 계속해서 보급 및 확산 중이다. 따라서 모바일 지갑은 기술의 발달에 따라 변화를 거듭하게 될 것으로 보이며 성숙기에 접어들게 되면, 모바일 지갑에 대한 사용자 만족, 지속적 사용의도, 구전의도에 미치는 변수도 달라 질 수 있을 것이다. 둘째, 표본의 한계점이다. 모바일 지갑이 대부분의 수도권 위주로 기반이 구축되어 있어 지방과 소도시는 아직 모바일 지갑의 확산의 초기 상황임을 감안하면 향후 지방과 소도시를 포함한 표본에서는 일부 다른 변수들이 추가 될 수 있을 것이다.

VI 결 론

제1절 연구결과의 요약

본 연구는 모바일 지갑의 앱의 개발과정, 사용의도, 구전의도의 연결되는 일련의 과정을 연결하는 연구를 진행하였다. 모바일 지갑과 같은 혁신적인 서비스를 성공적으로 개발함에 있어서는 Menor & Roth(2007)가 주장한 것처럼 개발 프로세스, 서비스 전략, 시장지향성, 개발문화, 정보기술이 중요성 관점에서 성공요인을 도출 하였다. 함을 밝힐 수 있었다. 모바일 지갑과 같은 플랫폼 서비스개발에는 많은 시간과 자원이 투입이 전제 되어야 한다. 이러한 관점에서는 최고경영진의 전폭적인 지지와 신뢰가 중요하며, 개발한 서비스에 대한 전략적인 전파가 무엇보다도 중요한 요인임을 알 수 있었다.

모바일 지갑의 사용의도에 관한 실증연구에서는 모바일 지갑의 제품특성을 중심으로 사용의도는 TAM의 지각된 유용성과 지각된 용이성에 영향을 미치는 외부변수로 모바일 지갑의 편리성, 경제성, 상황기반제공성을 제시하고 검증하였다. 모바일 지갑의 편리성과 경제성, 상황기반제공성은 지각된 용이성에 영향을 미치는 것으로 규명되었다. 경제성은 지각된 유용성에 영향을 미치나, 편리성과 상황기반제공성은 지각된 유용성에 영향을 미치지 않은 것으로 검증되었다. 다른 연구결과들과 마찬가지로 지각된 용이성은 지각된 유용성에 유의미한 정(+)의 영향을 미치는 것으로 규명되었다. 지각된 용이성과 지각된 유용성은 사용의도에 정(+)의 유의미한 영향을 미치는 것으로 검증되었다. 모바일 지갑의 서비스 제공 업종별 비교에서는 금융사와 통신사의 경로계수가 다른 것으로 파악되었다. 통신사는 편리성, 상황기반제공성이 지각된 용이성에 정(+)의 유의미한 영향을 미치고, 경제성과 상황기반제공성이 지각된 유용성에 정(+)의 영향을 미치는 반면, 금융사의 모바일 지갑은 편리성, 경제성, 상황기반제공성 3개의 외부변수는 지각된 용이성과 유용성에 유의미한 영향을 미치지 않아 기각 되었다. 이는 모바일 지갑의 서비스의 특성이 금융사와 모바일 지갑 간에 차이가 있음을 의미한다고 볼 수 있다. 아울러 성별 비교에서는 남녀 차이가 있음이 규명되었다. 남성은 상황기반제공성만이 지각된 용이성에 영향을 미치며, 여성은 경제성과 상황기반제공성이 지각된 용이성에 영향을 미치는 것으로 검증되었다. 이는 다른 대부분의 연구에서 마찬가지로 성별 차이가 있음을 의미한다.

모바일 지갑의 구전의도에 영향을 미치는 변수를 살펴보기 위해 후기사용모델을 근거로 지각된 유용성, 지각된 용이성, 지각된 즐거움, 지각된 보안성, 사용자 만족, 지속적 사용의도 및 구전의도간의 관계를 규명하였다. 가설검증 결과 첫째, 가설검증 결과 첫째, 지각된 유용성, 지각된 용이성, 지각된 즐거움, 지각된 보안성은 사용자 만족에 정(+)의 영향을 미치는 것으로 규명되었다. 둘째, 지각된 유용성은 지속적 사용의도에 정(+)의 영향을 미치는 것으로 규명되었다. 셋째, 사용자 만족은 지속적 사용의도에 정(+)의 영향을 미치는 것으로 규명되었다. 넷째, 사용자 만족은 구전의도에 정(+)의 영향을 미치는 것으로 규명되었다. 다섯째, 지속적 사용 의도는 구전의도에 정(+)의 영향을 미치는 것으로 규명되었다. 여섯째, 사용자 만족이 지속적 사용의도에 미치는 영향이 성별에 따라 차이가 있는 것으로 규명되었다.

제2절 연구의 시사점

사람들의 삶이 모바일 중심으로 이동하고 SNS의 발달에 따른 삶이 연결되면서 소비자들에게는 새로운 마케팅의 기회를 제공하고 있다. 스마트폰이 일상의 문제들을 해결하는 유용한 수단으로 활용되면서 소비자와 기업이 만나는 주요한 채널로 부각되고 있다. PC기반 또는 모바일 중심의 멀티채널환경과 O2O의 옴니채널 환경 을 4P(Price, Product, Place, Promotion) 관점에서 차이점은 다음과 같다. 첫째 가격(Price)관점이다. 멀티채널은 온라인과 오프라인 간의 차등가격을 통하여 기업에게 유리한 채널로 소비자를 유도 하지만 O2O의 옴니채널 환경에서는 동일한 가격유지를 통해서 소비자들이 온라인과 오프라인에서 동일가격으로 구매가 가능하다. 둘째 제품(Product)이다. 모바일 중심 환경에서는 모바일을 통해서 제품의 정보를 탐색한 뒤 PC를 통해서 제품을 구매 했으나, O2O환경에서는 스마트폰에서 제품탐색과 함께 구매가 이루어진다. 셋째 장소(Place)이다. 멀티채널에서는 온라인 채널과 오프라인 채널을 구분된 형태로 유지하나, O2O환경에서는 온라인과 오프라인을 통일된 채널인 하나의 채널 형태로 유지된다. 넷째, 촉진(Promotion)이다. O2O 이전의 멀티채널에서는 온라인과 오프라인 각각 별개로 촉진이 추진되었으나, O2O환경에서는 온라인과 오프라인이 동시에 촉진을 추진하게 된다.

본 연구 결과의 이론적 시사점은 다음과 같이 정리 할 수 있다.

첫째, 혁신적인 제품 또는 아이디어의 성공요인을 사례를 통한 검증이다. 성공하기 위해서는 기업내부에서 전략적인 개발과 협조가 이루어져야 하며, 성공적인 개발을 위해서는 다음과 같은 다섯 가지 요소는 반드시 점검되어야 한다는 점이다.

혁신적인 제품 또는 아이디어가 성공하기 위해서는 기업내부에서 전략적인 개발과 협조가 이루어져야 한다. 하나은행 모바일 지갑 N Wallet의 개발 사례에서 보여주듯이, 개발프로세스 측면에서는 철저한 시장조사와 실험조사를 통하여 소비자들이 필요한 것에 대한 문제 해결책을 제시할 수 있어야 한다는 점이다. 정보기술사용측면에서는 새로운 기술의 개발, 습득, 활용에는 많은 시간과 자원이 투입되면서 실패할 가능성이 높지만 하나은행의 경우 기존에 보유한 결제기술과 모바일 앱을 결합하면서 성공할 수 있었다. 새로운 기술의 개발도 중요하지만, 이미 존재하고 있는 정보기술의 활용이 무엇보다 중요하다. 따라서 기업은 새로운 기술의 개발도 중요하지만, 이미 내외부에 존재하는 기술의 결합을 통해서도 좋은 제품을 개발 할 수 있다는 점이다.

둘째, O2O환경에서 모바일 지갑 앱의 사용에 영향을 미치는 편리성, 경제성, 상황기반제공성에 대한 검증이다. O2O는 산업의 경계를 빠르게 파괴하고 있다. 이러한 O2O 앱의 증가는 새로운 모바일 앱을 요구하고 있으며 편리성과 경제성이 사용의 주요한 요인임을 밝혔다. 위치기반서비스의 사회적 기반이 확충되면서 O2O 상황기반제공성의 중요성이 점증하고 있으나, 이에 대한 연구는 많지 않은 실정이나, 본 연구를 통해서 상황기반제공성이 사용의 주요한 요인임을 검증할 수 있었다.

셋째, 모바일 앱의 구전의도에 영향을 미치는 요인에 대한 검증이다. 구전 의도는 사용자 만족과 지속적 사용의도의 영향을 받으며, 사용자 만족은 지각된 유용성, 지각된 용이성, 지각된 즐거움, 지각된 보안성의 영향을 받으며, 지속적 사용은 지각된 유용성과 지각된 용이성 및 사용자 만족의 영향을 받는다는 사실을 재검증 할 수 있었다.

넷째, 성별이 사용의도와 구전의도에 영향을 미치는 경로를 확인 할 수 있었다. 여러 분야에서 성별에 따라 차이가 있음을 보고하는 연구들이 많았다. 본 연구에서도 기존연구들과 같이 성별에 따라 사용의도와 구전의도에 영향을 미치는 경로에 차이가 있음을 검증할 수 있었다. 사용의도에서는 남성은 상황기반제공성에 유의미한 영향을 미치는 것으로 나타났으나, 여성은 경제성과 상황기반제공성에서 유의미한 영향을 미치는 것으로 나타나 성별간의 차이가 있음을 확인 할 수 있었다. 구전의도에서는 남성 사용자의 사용자 만족이 지속적 사용에 영향을 미치는 것으로 나타났으나, 여성은 유의하지 않은 것으로 나타났다. 아울러 남성 사용자는 지각된 용이성이 사용의도와 사용자 만족에 미치는 영향이 여성보다 다소 높게 나타나 남성 사용자들에게는 지각된 용이성이 주요한 요소임을 확인 하였다.

다섯째, O2O환경에 관한 초기의 연구라는 점이다. 스마트폰의 보급 확대와 SOC 확충으로 모바일을 통한 삶의 문제해결이 증대되면서 온라인과 오프라인이 통합되는 마케팅환경이 조성되면서 O2O에 대한 연구가 많이 필요하나 아직은 이에 대한 연구가 많지 않은 실정이다. 향후 본 연구를 바탕으로 많은 연구들로 발전될 수 있을 것이다.

본 연구 결과의 실무적 시사점은 다음과 같이 정리할 수 있다.

첫째, 혁신적인 신규 상품 또는 서비스를 개발함에 있어 고난이도의 기술 개발도 중요하지만, 시장에서 원하는 상품이란 이미 알려져 있는 기술을 융합하여 새로운 제품이나 서비스를 개발 할 수 있다는 점이다. 많은 기업들이 기술의 개발에 매진하고 있지만, 모자라는 기술은 지적재산권 등을 통하여 공유할 수 있기 때문에 기술의 융합을 통한 제품과 서비스를 개발할 수 있을 것이다.

둘째, 혁신적인 아이디어나 제품을 성공시키기 위해서는 최고책임자의 절대적인 신뢰와 관심이 중요하다. 아이디어나 제품이 출시되고 안정화되기까지는 많은 시간이 필요하다. 이러한 과정에서 최고책임자의 관심과 기다림이 없이는 성공하기 어려울 것이다.

셋째, 성별에 따라 사용의도, 만족, 지속적 사용에 영향을 미치는 경로는 남성과 여성에 차이가 있으므로 차별화된 제품개발과 서비스 제공이 중요하다. 즉, 남성은 용이성에 관심이 많은 반면, 여성은 경제성이나, 상황기반제공성에 있어 남성과 차이가 있는 것으로 나타났다. 따라서 시장세분화에 따른 접근이 필요하다고 하겠다.

본 연구의 전략적인 시사점은 다음과 같이 정리할 수 있다.

첫째, 혁신적인 제품 개발은 철저한 시장조사와 실험조사 등을 통해서 고객의 니즈를 파악하는 것이 중요하다. 시장과 소비자의 필요에 기초하지 않는 제품이나 서비스는 외면 받을 수밖에 없을 것이다. 시장에 근거한 전략적인 접근이 필요하다.

둘째, O2O 환경의 모바일 애플리케이션들의 성공요인은 편리성, 경제성, 상황기반제공성이 지각된 용이성과 지각된 유용성에 영향을 미친다는 점이다. 애플리케이션을 개발함에 있어서 사용자의 편리성과 경제적인 동기를 제공함으로써 경제성을 느끼게 해 줄 수 있어야 한다.

셋째, 상황기반제공성은 용이성과 유용성에 영향을 주는 요인으로 향후 다양하게 활용될 수 있어 지속적인 관찰과 연구가 중요한 요소이다. 그러나 상황기반제공성은 일부 불필요한 소비자들에게는 불만족 또는 사용의 장애가 될 수 있으므로 소비자 입장에서 상황기반제공성에 옵션 기능을 부여하는 것이 필요하다.

넷째, 마케팅의 차별화 전략이 달라져야 한다는 점이다. 본 연구에서 제시한 것처럼 남성과 여성에 따라 차이가 있는 것으로 나타나고 있어 성별에 따른 마케팅 전략이 수립되어야 할 것으로 보인다. 아울러 연령대별로 사용 용도와 사용자 만족, 지속적 사용의도, 구전의도 등에 대한 세분화된 전략이 요구된다.

다섯째, 20~30대 모바일 애플리케이션 사용자들에 대한 세심한 전략이 필요하다. O2O는 초기에 단순한 반복구매 부분에서 도입되었으나, 현재는 지속적인 구매와 사용, 전문적인 분야에도 확장되고 있다. 초기 O2O 사용자에 대한 전략적인 준비가 향후 기업들의 성패에 주요한 변수가 될 수 있을 것이다.

제3절 연구의 한계 및 향후 연구과제

본 연구는 모바일을 활용한 O2O 서비스 애플리케이션에 관한 연구이다. 본 연구가 가지는 한계점은 다음과 같다.

첫째, 초기연구의 한계라는 점이다. 하나은행의 'N 월렛' 모바일 앱의 개발사례를 통해서 성공적인 개발 사례를 들었다. 모바일 지갑과 같은 앱은 긴 기간을 통해서 성공여부가 결정되는 점을 감안하면 초기의 성공이 장기간의 성공을 보장할 수는 없다. 현재까지 안정적인 운영을 통해서 지속적인 가입자가 증가하고 있어 지금까지의 다운로드와 이용자 후기를 반영한 제품특성을 중심으로 하는 연구이다. 그러나 이는 초기의 연구라는 점의 한계점을 가진다. 따라서 향후 장기적인 관점에서 성공은 재무적인 성과에 대한 연구가 진행되어야 할 것이다.

둘째, 모바일 지갑의 특성에 대한 정의의 변화 가능성이다. 지금까지 진행된 모바일 지갑의 특성을 중심으로 사용의도와 구전의도에 관한 연구를 진행 하였다. 그러나 모바일 지갑이 아직은 확산의 초기시점임을 감안하면 향후 모바일 지갑은 소비자들의 소비행태와 소비자들의 요구 변화, 사회적 통신 기반과 기술의 발달에 따라 그 기능이 크게 달라질 수 있을 것이다. 특히, 이제 움트기 시작한 위치기반 서비스 분야에는 많은 추가적인 변화가 있을 것으로 보인다. 또한 본 연구에서 제시되었듯이 금융사의 모바일 지갑은 통신사의 모바일 지갑과 달리 아직까지 사용자들에게 금융사의 모바일 지갑만의 특성을 제시하지 못하고 있는 것으로 보인다. 따라서 앞으로 모바일 지갑에 대한 지속적인 연구가 필요할 것이다.

셋째, 상황기반 제공성에 대한 추가적인 연구가 필요하다. 상황기반제공성이란 고객의 동의하에 위치기반서비스를 바탕으로 사용자들에 편리성과 경제성을 제공하기 위한 수단이다. 하지만, 위치기반 서비스가 소비자들의 인식이 부족하고, 위치기반 서비스가 미약한 점을 감안하면 향후에도 관리가 많이 필요하다. 그러나 법적규제 완화와 사회적 기반 확충은 서비스의 접근성과 편리성을 제고할 것으로 보인다. 따라서 이러한 분야에 대한 추가적인 연구들이 필요하다.

▣ 참고문헌

강병영, 황태균(2009), "컨버전스 제품의 소비자 만족도에 관한 연구," 한국산업정보학회논문지, 14, 169-185.

강선희, 박종원, 이성수(2008), "모바일 서비스의 A/S 서비스 시스템 구축에 관한 연구," 인터넷전자상거래연구, 8, 109-131.

강성수, 김주안, 김백호(2006), "모바일 커머스의 이용의도에 영향을 미치는 외부 요인에 관한 연구," 산업경제연구, 19, 931-950.

권기덕(2010), SERI경영노트, 삼성경제연구소.

금융위원회(2015), 핀테크 산업 활성화를 위한 단계별 추진전략과 향후 과제, 보도자료.

김기홍(2011), "NFC시스템을 이용한 모바일 결재 시스템개발," 한양대학교 공학대학원 석사학위논문.

김남훈(2013), "은행의 스마트 금융 동향과 성공전략," 하나금융경영연구소.

김남훈(2013), 금융경영브리프, 하나금융경영연구소.

김남훈(2014), 글로벌 지급결제 환경의 변화와 시사점, 하나금융경영연구소.

김남희, 김병석, 서지혜, 김재경(2008), "모바일 뱅킹 서비스의 IT 구성요소에 관한 선호도 연구," 한국IT서비스학회지, 7(1), 89-101.

김민수, 전진호(2011), "국내 스마트폰 뱅킹서비스의 발전전략에 관한 연구," 명지대학교 금융지식연구소, 9(1), 131-153.

김병도, 전종근(2011), "고객지향적 서비스 상품개발: 하나은행 사례," 소비자학 연구, 22(2), 1-22.

김상현, 박현선(2011), "스마트폰 애플리케이션의 서비스특성이 지각된 가치, 사용자 만족 그리고 추천의도에 미치는 영향," 경영교육연구, 26(6), 121-142.

김상훈, 임수현(2011), "행동 맞춤형 광고(behavioral targeting ad)의 수용자 이용의도에 영향을 미치는 요인에 관한 연구," 광고학연구(한국광고학회), 22(5), 211-234.

김서영(2013), "국내외 신유형지급결제서비스 현황과 시사점," 지급결제와 정보기술.

김성수, 한경석, 김병수, 박수경, 안상근(2011), "모바일 애플리케이션 이용의도에 관한 실증적 연구," 한국정보기술학회논문지(한국정보기술학회), 9(8), 213-228.

김소이(2012), 지급결제와 정보기술, 금융결제원.

김수원(2012), "여행사 모바일 서비스 특성이 사용의도에 미치는 영향 연구," 관광·레저연구, 24(4), 179-198.

김수현, 이뢰(2012), "스마트폰 뱅킹서비스 수용의도에 영향을 미치는 요인," 한국콘텐츠학회논문지, 12(11), 303-312.

김영두(2015), "만족-충성도 연계의 확장: 만족 및 관계 지속의도의 관계에 친숙성과 조절초점이 미치는 영향," 고객만족경영연구(한국고객만족격영학회), 17(2), 113-138.

김영주, 정재민, 이은주(2011), "스마트폰 애플리케이션의 채택과 이용," 한국언론학보, 55, 227-252.

김영택, 오종철(2007), "모바일 뱅킹 서비스품질이 고객충성도 및 전환 의도에 미치는 영향에 관한 실증 연구," 대한경영학회지, 20(6), 2855-2877.

김영택, 오종철, 홍상진(2006), "개인형 커뮤니티 사이트 사용자의 후기수용모형에 관한 연구," 대한경영학회지(대한경영학회), 19(6), 2215-2235.

김은미, 홍태호(2016), "중국의 O2O 커머스 사용의도에 미치는 영향 요인에 관한 연구: 문화가치의 조절효과를 중심으로," CHINA연구, 19(1), 153-172.

김재경, 김혜경, 최일영(2009), "유비쿼터스 환경에서 개체간의 자율적 협업에 기반한 추천방법 개발," 지능정보연구(한국지능정보시스템학회), 15(1), 31-50.

김종기, 남수태(2012), "스마트폰의 특성이 지속구매의도에 미치는 영향," 대한경영학회지, 25, 2021-2045.

김종기, 성정희(2016), "O2O 서비스 품질에 따른 고객만족이 이용자 재이용의도에 영향을 미치는 요인 연구: Kano 모형을 중심으로," 한국경영정보학회 학술대회, 89-92.

김주란, 이기훈, 최영균(2011), "광고매체로서 스마트폰 애플리케이션 이용동기와 사용의도에 관한 연구," 광고연구, 229-254.

김진백(2011), "스마트폰 기반 모바일 뱅킹에서의 연구 과제: 국내 모바일 뱅킹 사례 연구 및 논문 리뷰," Entrue Journal of Information Technology, 10, 223-238.

김태구(2012), "패밀리 레스토랑의 지적자본 척도 개발: FAREINCAP." 관광연구저널,

26, 23-45.

김형준, 정철호(2008), "모바일 뱅킹 서비스의 상품특성과 사용자특성이 재사용의도에 미치는 영향," 상업교육연구, 21, 215-246.

노미진(2010), "모바일뱅킹 특성과 만족 및 재이용 의도와의 관계 분석," 경영연구, 25, 305-344.

노미진(2010), "모바일뱅킹 특성과 만족 및 재이용 의도와의 관계 분석: 성별을 고려하여," 경영연구(한국산업경영학회), 25(4), 305-344.

노미진, 김병곤, 박순창(2011), "모바일 서비스에 기반한 유비쿼터스 컴퓨팅의 사용자 수용에 영향을 미치는 요인," Journal of Information Technology Applications & Management(한국데이타베이스학회), 18(1), 55-74.

노영, 이경근(2005), "인터넷 뱅킹 서비스 품질이 고객가치와 고객만족에 미치는 영향에 관한 연구," e-비즈니스연구(국제 e-비즈니스학회), 6(3), 221-247.

노은직, 김보영(2012), "금융기업의 관계지향적 소셜 미디어 마케팅 성공 전략: IBK 기업은행 사례를 중심으로," 한국콘텐츠학회논문지, 12(1), 460-475.

마건일, 이형찬, 이정현(2011), "모바일 지갑 서비스를 위한 근거리 무선 연결 보호 기법," 정보과학회논문지: 정보통신(한국정보과학회), 38(5), 394-404.

마크로밀엠브레인(2013), 모바일 지갑 이용 관련 조사, 리서치보고서, 13(3), 1-27.

목혜민, 최상민, 문태수(2014), "SNS 지속적인 이용의도에 영향을 미치는 SNS 특성과 사용자 수용에 관한 실증 연구," 인터넷전자상거래연구(한국인터넷전자상거래학회), 14(1), 143-163.

문용은, 정유진(2004), "모바일뱅킹 사용의도의 영향요인에 관한 연구," 정보시스템연구(한국정보시스템학회), 13(2), 89-117.

문윤지, 최훈, 장유리, 이수민(2015), "O2O (Online-to-offline) 이용자의 쇼핑가치를 고려한 웹사이트 디자인," 한국콘텐츠학회, 2015 춘계종합학술대회, 363-364.

민성현, 이상준(2013), "개인용 스마트기기의 알림 강도 최적화를 위한 휴리스틱 상황 정보 처리," 2013년 춘계학술대회(한국지능정보시스템학회), 2013, 288-292.

박용진(2014), 2013년 하나은행 일반현황, 홈페이지.

박윤주(2012), "상호 대칭적 만족성을 고려한 온라인 데이트시스템," 지능정보연구(한국지능정보시스템학회), 18(2), 177-192.

박재석, 한. 강(2009), "모바일 애플리케이션(앱스토어) 수용방안에 대한 연구," 한국경영정보학회 학술대회, 160-164.

박재성, 고준(2013), "스마트폰 사용에 영향을 미치는 요인: 감성과 인지의 포괄적 접근," Korea Business Review, 17(1), 201-223.

박정숙, 변정우(2013), "기술 수용모델을 활용한 SNS의 지각된 즐거움이 고객만족과 이용의도에 미치는 영향 연구: 호텔 외식사업부를 중심으로," 관광레저연구(한국관광레서학회), 25(1), 419-435.

박종구(2012), 뉴미디어 채택 이론, 서울 커뮤니케이션북스.

박주연, 전범수(2009), "국내 미디어 기업의 모바일 콘텐츠 서비스 사례 분석," 한국콘텐츠학회논문지, 10(1), 160-169.

박현지, 박중환, 이정실, 김영하(2011), "신뢰와 만족을 매개로 한 모바일 관광정보 서비스의 특성, 경험가치, 사용의도에 관한 관계분석," 호텔경영학연구, 20, 245-265.

배재권(2010), "모바일 애플리케이션 마켓 (앱스토어) 의 수용의도 영향요인에 관한 연구." 대한경영학회지, 23, 2399-2422.

백원장(2003), 모바일과 유비쿼터스의 산업공학: 모바일 비즈니스, IE 매거진, 10(2), 26-29.

변충규, 류태창, 성창수(2009), "도시 경제활동인구에서 인터넷뱅킹 이용자의 고객만족에 미치는 영향요인에 관한 연구," Journal of The Korea Data Analysis Society (한국자료분석학회), 11(5), 2705-2719.

변현수(2011), "예술적 창의성, 과학적 창의성, 일반적 창의성이 지각된 즐거움과 재이용의도에 미치는 영향: 롤플레잉 게임 이용자들을 대상으로," 한국게임학회논문지(한국게임학회), 11(1), 59-68.

서윤규(2013), "스마트폰 이용에 관한 사용자만족 결정요인 분석, 기업경영연구(한국기업경영학회)," 20(3), 41-56.

손진아, 이은영(2007), "인터넷 의류쇼핑에서 온라인 구전 정보특성 중 방향성과 동의성이 소비자 구매행동 변화에 미치는 영향," 한국의류학회지(한국의류학회),

31(8), 1157-1167.

송상헌, 김충길, 류재철(1998), "전자지갑을 이용한 지불시스템설계," 한국정보과학회, 255-257.

신건권(2011), "HTS 사용자의 지각된 보안성이 사용자 신뢰, 채택의도 및 실제 사용도에 미치는 영향," 상업교육연구(한국상업교육학회), 25(4), 183-204.

심선희, 김하균(2011), "인터넷 쇼핑몰에서의 e-쿠폰 속성, 지각된 위험이 사용자 만족도를 매개로 인터넷쿠폰의 지속적 사용의도에 미치는 영향-쿠폰유형과 성별의 조절효과를 중심으로," 경영과정보연구, 30, 1-25.

안대천, 김상훈 (2009), "수정된 기술수용모델(Technology Acceptance Model)을 적용한 모바일광고 수용의도연구 : 성별요인(gender) 의 조절효과," 광고학연구, 20(4), 171-188.

양병화(2008), "고객만족과 관계마케팅 요인이 행동의도에 미치는 영향, 경영학연구(한국경영학회)," 37(1), 35-66.

양호철, 정일권(2011), "스마트 사용자의 집단 간 특성 비교," 사이버사회문화, 2, 17-49.

엄명용, 김태웅(2006), "성별 차이를 중심으로 본 이러닝 만족도 영향요인에 관한 연구," 경영학 연구, 35, 51-80.

엄명용, 김태웅(2006), "한국과 일본 온라인 게이머의 게임 만족도, 신뢰도, 온라인 게임 커뮤니티 인식에 관한 실증적 비교연구: 멀티그룹 공분산 구조분석을 중심으로," Asia Pacific of Information Systems(한국경영정보학회), 16(1), 103-125.

염창선, 홍재범(2004), "인터넷뱅킹의 고객만족에 영향을 미치는 요인에 대한 실증적 연구," 산업공학(대한산업공학회), 17(3), 305-313.

오재신, 강태경(2009), "인터넷뱅킹에서 이용자 만족의 선, 후행 영향 요인에 관한 연구," 서비스경영학회지(한국서비스경영학회), 10(3), 291-320.

오환종, 윤영선, 이국용(2006), "온라인 신뢰와 구매의도에 미치는 영향요인에 관한 연구," 산업경제연구, 19, 205-224.

유일, 이경근(2007), "성별에 따른 정보기술수용 영향요인간의 관계 - 인터넷뱅킹 사용자를 중심으로," 경영연구(한국산업경영학회)," 22(3), 177-206.

유철우, 최영찬(2009), "인터넷 쇼핑몰에서 충성도와 동일시, 지각된 즐거움, 신뢰, 상호작용의 구조적 관계에 관한 연구," e-비즈니스연구(국제e-비즈니스학회), 10(3), 3-24.

윤용보(2015), "호텔기업 종사원의 사내기업가정신이 신서비스개발과 감성적 성과에 미치는 영향: 고객지향성을 매개로," 관광연구저널, 29, 149-164.

윤종훈, 김광석(2006), "인터넷 쇼핑몰의 물류서비스 품질요인이 고객만족과 구매 후 행동에 미치는 영향에 관한 연구," 정보시스템연구(한국정보시스템학회), 15(1), 21-48.

이경근(2007), "인터넷뱅킹 성공모형에 관한 연구," 한국컴퓨터정보학회논문지(한국컴퓨터정보학회), 12(5), 243-251.

이경근, 노영(2006), "인터넷 뱅킹에서 혁신특성 요인이 유용성과 사용의 용이성에 미치는 영향," e-비즈니스연구(국제e-비즈니스학회), 7(3), 85-107.

이국용(2004), "휴대전화를 이용한 모바일 인터넷 서비스 충성도 영향요인에 관한 연구," 산업경제연구, 17, 2007-2030.

이동규(2013), BOK 이슈노트(2013-7), 한국은행.

이동현, 곽수환, 황규승(2006), "기술수용모형을 이용한 인터넷 뱅킹과 모바일 뱅킹 이용의 차이에 관한 연구," 기술혁신연구, 14(1), 201-225.

이민화(2003), "인터넷 뱅킹의 지속적 이용 의도의 결정요인: 사회적 영향, 지각된 위험과 개인차이," 대한경영학회지(대한경영학회), 16(3), 757-776.

이상기, 강명수(2015), "모바일 지갑 시장 확대를 위한 사용요인에 관한 연구: 제품특성을 중심으로," 상품학연구(한국상품학회), 33(6), 99-114.

이상기, 김보영(2015), "스마트폰뱅킹 활성화를 위한 모바일 지갑 서비스개발-하나은행 N Wallet 사례를 중심으로," Korea Business Review(한국경영학회), 19(1), 157-182.

이성훈, 이동우(2015), "핀테크-금융과 정보통신 기술의 융합," 한국융합학회논문지(한국융합학회)," 6(3), 97-102.

이승창, 이상훈(2005), "유비쿼터스 환경에서의 새로운 가치창조를 위한 비즈니스 전략-(주)SK텔레콤 모네타 사례," Korea Business Review, 9(1), 101-138.

이신남(2011), "모바일 뱅킹의 수용 요인이 고객가치와 고객만족에 미치는 영향에 관한 연구," 회계연구(대한회계학회), 16(2), 143-168.

이웅규(2007), "보안과 위험의 지각이 인터넷 뱅킹 재사용 의도에 미치는 영향," Asia Pacific Journal of Information Systems(한국경영정보학회), 17(1), 77-93.

이유재(2004), 서비스마케팅(제 4 판), 서울, 학현사.

이은영, 이태민(2005), "온라인 환경에서의 정보특성이구전효과에 미치는 영향에 관한 연구 : 소비자 제품지식의 조절효과를 중심으로," 광고학연구(한국광고학회), 16(2), 145-171.

이은용, 이수범(2009), "외식 프랜차이즈 기업의 시장지향적 지식과 브랜드 지향성이 신상품 개발, 차별성, 신뢰 및 경영성과에 미치는 영향," 호텔경영학연구, 18, 109-129.

이종만(2012), "이러닝 사용의도에 있어서 지각된 즐거움과 지각된 유용성의 역할: 사용경험 정도 및 나이의 차이," 대한경영학회지(대한경영학회), 25(1), 211-225.

이종오(2006), "휴대폰의 제품특성과 촉진요인에 따른 재구매 동기요인 연구." 국내박사학위논문, 연세대학교 대학원.

이주완(2012), 산업연구시리즈, 하나금융경영연구소.

이청아, 윤혜정, 이충훈, 이중정(2015), "모바일 지갑의 가치와 지속사용의도의 영향요인: VAM 모형을 기반으로," 한국전자거래학회지(한국전자거래학회), 20(1), 117-135.

이태민(2004), "모바일 상거래 환경에서의 기술수용모델 영향요인 분석," 대한경영학회지, 46, 2183-2209.

이태민(2014), "모바일 소셜 네트워크 활용이 브랜드 성과에 미치는 영향," 마케팅논집, 22, 125-150.

이태민, 박철(2006), "온라인 구전정보의 방향성과 유형이 구매영향력에 미치는 효과: 한국과 미국의 국제비교," 마케팅연구(한국마케팅학회), 21(1), 29-56.

이태민, 전종근(2004), "유비쿼터스 접속성과 상황기반 제공성이 모바일 상거래 수용의도에 미치는 영향에 관한 연구," 경영학연구, 33, 1043-1071.

이태영(2011), 모바일 마케팅의 차별화 포인트, LG Business Insight.

이현수, 채영일(2013), "스마트폰 뱅킹서비스의 지각된 위험과 지각된 즐거움이 지속적 사용의도에 미치는 영향," 한국IT서비스학회지(한국IT서비스학회), 12(4), 205-218.

이형석, 이기순, 김상용(2004), "신용카드서비스의 고객만족요인에 관한 탐색적 연구," Journal of Global of Marketing Science(한국마케팅과학회), 13, 29-47.

장영명(2013), "인터넷뱅킹의 서비스품질이 고객만족에 미치는 영향," 무역연구(한국무역연구원), 9(3), 617-637.

장평, 문희철(2015), "중국 O2O 커머스 특성과 소비자 특성이 신뢰, 욕구 및 이용의도에 미치는 영향," 2015 한국무역학회 동계학술대회, 107-123.

장형유(2009), "전자뱅킹의 사용의도 및 재사용의도 증진방안에 관한연구," 인터넷전자상거래연구, 9, 307-330.

장형유, 정서윤(2014), "공동구매형 소셜커머스 특성이 만족과 지속의도에 미치는 영향: 소비성향과 태도의 조절효과를 중심으로," 고객만족경영연구(한국고객만족경영학회), 16(4), 167-192.

지영수, 강문영, 한경석(2015), "O2O 커머스에 대한 소비자들의 이용 중단 의도에 관한 실증적 연구," 인터넷전자상거래연구, 15(4), 223-245.

재진훈, 박윤재, 김광용(2002), "금융서비스 유통상의 혁신수용에 관한 연구." 유통연구, 7, 61-86.

전기흥, 현혜경, 장자건(2015), "모바일 뱅킹 이용의 구조 요인," 상품학 연구, 33(1), 21-29.

전병호, 윤종훈, 송인암, 김병곤(2005), "인터넷뱅킹 사이트의 서비스품질과 인터넷 이용자 개인특성이 고객 충성도에 미치는 영향," 정보시스템연구(한국정보시스템학회), 14(1), 197-226.

전우영, 정현주(2006), "인터넷 쇼핑에서 사용후기가 제품에 대한 평가와 구매의도에 미치는 영향: 성차의 역할을 중심으로," 한국심리학회지: 소비자 · 광고(한국소비자 · 광고심리학회), 7(1), 113-129.

정영수, 정철호(2010), "인터넷 뱅킹 사용자의 수용 후 행동에 영향을 미치는 요인," 한국콘텐츠학회논문지(한국콘텐츠학회), 10(6), 404-414.

정영훈, 김건, 이중정(2015), “모바일 신용카드 사용자 만족 및 지속사용의도에 영향을 미치는 요인에 관한 연구: 혁신확산이론 및 후기수용모형을 중심으로,” 한국전자거래학회지(한국전자거래학회), 20(3), 11-28.

정철호, 정영수(2008), “인터넷 뱅킹 서비스의 고객만족에 영향을 미치는 요인에 관한 연구,” 인터넷전자상거래연구, 8(2), 15-37.

정혜영, 임대규(2010), “고객만족 지속성이 기업의 미래재무성과와 시장가치에 미치는 영향,” 회계학연구(한국회계학회), 35(4), 163-192.

정화용(2010), “스마트 폰 기반 모바일 뱅킹 서비스 동향 및 발전 방안,” 지급결제학회지, 4(1), 1-40.

조송현 (2003), “스포츠센터의 서비스품질이 성별과 운동참가기간에 따라 재구매의도 및 구전의도에 미치는 영향,” 체육과학연구, 14(1), 94-104.

조위덕(2003), “유비쿼터스 기술기반 시스템 응용 서비스,” 유비쿼터스 컴퓨팅 국제 심포지엄, 123-141.

조위덕, 이경전, 이호근, 권오병, 김경규, 이은종(2006), “유비쿼터스 패러다임과 u-소사이어티,” Jinhan M&B.

조철호(2007), “인터넷뱅킹에서 웹사이트 품질이 e가치와 고객만족에 미치는 영향.” 고객만족경영, 61-7.

조철호, 강병서(2007), “블로그 서비스품질이 서비스가치와 고객만족에 미치는 영향: 싸이월드를 중심으로,” 품질경영학회지(한국품질경영학회), 35(1), 35-51.

조철호, 강병서(2009), “웹사이트품질이 고객만족과 충성의도에 미치는 영향: 인터넷뱅킹의 신뢰와 몰입의 조절효과,” 고객만족경영연구(한국고객만족경영학회), 11(1), 57-74.

주재훈(1999), “한국의 전자상거래 환경을 고려한 전자지불 시스템 성공요인 분석,” 한국경영정보학회, 9(1), 1-29.

최계봉(2012), “모바일 뱅킹서비스의 후기 수용의도에 관한 실증연구,” 인터넷전자상거래연구(한국인터넷전자상거래학회), 12(3), 1-27.

최대선(2011), “스마트지갑-스마트시대의 신개념 전자지갑,” 한국엔터테인먼트산업학회지, 3(1), 44-54.

최동주, 정우진(2012), "외식프랜차이즈 기업의 기업가정신이 경영성과에 미치는 영향," 외식경영연구, 15(2), 253-278.

최민석, 최훈, 김영찬, 김진우(2005), "모바일 인터넷 사용자의 서비스 사용 중단 요인에 대한 분석 연구," 마케팅 연구, 20(1), 1-27.

최지은(2015), "인터넷 쇼핑몰에서의 이모티콘 사용에 대한 소비자 반응 연구: 성별 차이를 중심으로," 기업경영연구(한국기업경영학회), 22(1), 199-214.

최혁라(2004), "모바일 특성 하에서 모바일 인터넷 사용의도에 영향을 미치는 요인에 관한 연구," 산업경제연구, 17, 1399-1420.

추호정, 정선미, 김상조(2010), "UCC의 유용성 및 즐거움과 UCC 전문사이트 태도의 관계," 경제경영연구(동의대학교 경제경영전략연구소), 5(1), 45-58.

탁동일(2014), "스마트폰을 활용한 모바일뱅킹(mobile banking) 서비스 이용자 만족요인 연구," 금융지식연구(명지대학교 금융지식연구소), 12(2), 253-277.

탁승호(1997), "전자지갑(EP) 과 전자상거래(EC) (Electronic Purse & Electronic Commerce)," 대한전자공학회.

하성호, 주성현(2010), "인터넷뱅킹시스템 품질이 서비스 형태별 사용자만족과 서비스 충성도에 미치는 영향," 인터넷전자상거래연구(한국인터넷전자상거래학회), 10(1), 173-195.

하성호, 주성현, 김도형(2012), "스마트폰 뱅킹서비스에 대한 사용자만족과 지속적 이용의도에 영향을 미치는 요인," 인터넷전자상거래연구(한국인터넷전자상거래학회), 12(4), 91-120.

한국은행(2014), 2013년 4/4분기 국내 인터넷뱅킹서비스, 한국은행.

한국정보통신기술협회(2014), TTA용어사전, SEOUL, 한국정보통신기술협회.

한상일(2013a), "스마트폰 기반 뱅킹 서비스의 특성과 지속적 사용의도의 관계," 산업경제연구(한국산업경제학회), 26(3), 1311-1336.

한상일(2013b), "스마트폰 사용의도 영향요인에 관한 연구," 기업경영연구(한국기업경영학회), 49, 107-122.

항임, 최수정, 고일상(2016), "모바일 메신저 기반 O2O 서비스의 재이용의도에 관한 연구: 중국 텐센트사의 웨이신을 중심으로," 인터넷전자상거래연구, 16(1),

57-78.

허경옥(2001), “연령에 따른 소비자 집단별 소비자의식및 정보탐색 · 활용과 소비행동 분석,” 소비자학연구(한국소비자학회), 12(4), 39-64.

허경옥(2013), “소비자의 구전정보생산과 구전정보 수용도 및 영향요인 분석,” 소비자정책교육연구(한국소비자정책교육학회), 9(1), 19-38.

허은주, 김세범(2014), “미용의료시장에서 관계혜택이 고객만족과 관계지속의도에 미치는 영향 -관계빈도 조절효과를 중심으로,” 고객만족경영연구(한국고객만족경영학회), 16(4), 67-86.

홍병숙, 이은진, 박성희, 유승희(2010), “백화점의 로열티프로그램이 소비자의 관계품질 및 관계지속의도에 미치는 영향,” 한국의류학회지(한국의류학회), 34(10), 1621-1631.

홍성준(2012), “관광가이드의 서비스가 만족에 미치는 영향: 지각된 즐거움과 지각된 유용성의 매개효과,” 상품학연구(한국상품학회), 30(3), 155-162.

황윤용, 이국용(2013), “개인적 성향과 이용후기 지각특성이 모바일 마켓의 지속이용에 미치는 영향,” 대한경영학회지, 26, 2021-2041.

Adam, S. (1776). An Inquiry into the Nature & Causes of the Wealth of Nations, Edwin Cannan’s annotated edition.

Agarwal, R. & Karahanna, E. (2000). Time flies when you’re having fun: Cognitive absorption & beliefs about information technology usage, *MIS quarterly*, 665-694.

Agarwal, R. & Prasad, J. (1998). A Conceptual & Operational Definition of Personal Innovativeness in the Domain of Information Technology, *Information Systems Research*, 9(2), 204-215.

Ajzen I. & Fishbein, M. (1980). *Understanding attitudes & predicting social behaviour*, New Jersey, Prentice-Hall.

Ajzen, I. (2005). *Attitudes, personality, & behavior*, McGraw-Hill Education (UK),

Alam, I. & Perry, C. (2002). A Customer-oriented New Service Development Process, *Journal of Services Marketing*, 16(6), 515-534.

Alba J. W. & Hutchinson, J. W. (1987). Dimensions of Consumer Expertise, *Journal of Consumer Research*, 411-454.

Alex&er, R.(1960). *The Committee on Definitions of the AMA*. Marketing Definition: A Glossary of Marketing Terms, Chicago: AMA.

Amoroso D. L. & Magnier-Watanabe, R. (2012). Building a research model for mobile wallet consumer adoption: The case of mobile suica in japan, *Journal of theoretical & applied electronic commerce research*, 7(1), 94-110.

Anderson, E. W. & Sullivan, M. W. (1993). The antecedents & consequences of customer satisfaction for firms, *Marketing science*, 12, 125-143.

Anderson, J. C. & Narus, J. A. (1998). Business marketing: *Understanding what customers value*, Harvard business review, 76, 53-67.

Arts, J. W., Frambach, R. T. & Bijmolt, T. H. (2011). Generalizations on consumer innovation adoption: A meta-analysis on drivers of intention & behavior. *International Journal of Research in Marketing*, 28, 134-144.

Assael, H. (1984). *Consumer behavior & marketing action*, Kent Pub. Co.

Avlonitis, G. J., Papastathopoulou, P. G. & Gounaris, S. P. (2001). An Empirically-based Typology of Product Innovativeness for New Financial Services: Success and Failure scenarios, J*ournal of Product Innovation Management,* 18(5), 324-342.

Bandura, A. (1977). Self-efficacy: toward a unifying theory of behavioral change. *Psychological review*, 84(2), 191-215.

Bandura, A. (1997). Self-efficacy: *The exercise of control*, Macmillan.

Babin, B. J., Darden, W. R. & Griffin, M. (1994). Work and/or fun: Measuring hedonic and utilitarian shopping value, *Journal of consumer research,* 20(4), 644-656.

Bagozzi, R. P & Yi, Y. (1988). On the Evaluation of Structural Equation Models, *Journal of the Academy of Marketing Science*, 16(1), 74-94.

Batra, R. & Ahtola, O. T. (1991). Measuring the hedonic & utilitarian sources of consumer attitudes, *Marketing letters*, 2(2), 159-170.

Bauer, R. (1960). *Consumer Behavior as Risk Taking, Dynamic Marketing for a Chasing*

World, Robert S. Hancock, Chicago: American Marketing Association, 38-398.

Bawa, K. & Shoemaker, R. W. (1987). The Effects of a Direct Mail Coupon on Brand Choice Behavior, *The Journal of Marketing Research*, 24(4), 370-376.

Bem, S. L. (1981). Measuring Gender schema theory: A cognitive account of sex typing, *Psychological Review*, 88(4), 354-364.

Bentler, P. M. & Speckart, G. (1981). Attitudes cause behaviors: A structural equation analysis. *Journal of Personality & Social Psychology*, 40(2), 226-238.

Bhattacherjee, A. (2001a). An empirical analysis of the antecedents of electronic commerce service continuance, *Decision support systems*, 32(2), 201-214.

Bhattacherjee, A. (2001b). Understanding information systems continuance: An expectation-confirmation model, *MIS quarterly*, 351-370.

Bickart, B. & Schindler, R. M. (2001). Internet forums as influential sources of consumer information, *Journal of interactive marketing*, 15(3), 31-40.

Bitran, G. & Pedrosa, L. (1998). A structured product development perspective for service operations. *European Management Journal*, 16, 169-189.

Blois, K. J. (1974). The marketing of services: an approach. *European The Journal of Marketing*, 8, 137-145.

Bone, P. F. (1995). Word-of-mouth effects on short-term & long-term product judgments, *Journal of business research*, 32(3), 213-223.

Boulding, W., Kalra, A., Staelin, R. & Zeithamal, V. A. (1993). A dynamic process model of service quality: from expectations to behavioral intentions, *The Journal of Marketing research*, 30(1), 7.

Bristor, J. M. (1990). Enhanced explanations of word of mouth communications: The power of relationships, *Research in consumer behavior,* 4(1), 51-83.

Brosnan, M. J. (1998). The impact of computer anxiety and self-efficacy upon performance, *Journal of Computer assisted learning*, 14(3), 223-234.

Brown, J. J. & Reingen, P. H. (1987). Social ties and word-of-mouth referral behavior, *Journal of Consumer research*, 14(3), 350-362.

Chang, E. C. & Tseng, Y. F. (2013). E-store image, perceived value and perceived risk, *Journal of Business Research*, 66(7), 864-870.

Chevalier, J. A. & Mayzlin, D. (2006). The effect of word of mouth on sales: Online book reviews, *The Journal of Marketing research,* 43(3), 345-354.

Chi, Y. S, M. Y. Kang, K. S. Han, & J. I. Choi. (2015). A Study on Consumers' Discontinuance Intentions towards O2O Commerce: Focused on the Mediating Effects of Perceived Risk and User Resistance, *Advanced Science and Technology Letters*, 114, 45-50.

Chin, W. W. & Todd, P. A. (1995). On the Use, Usefulness, & Ease of Use of Structural Equation Modeling in MIS Research: a Note of Caution, *MIS Quarterly*, 237-246.

Chin, W. W. (1998). *The Partial Least Squares Approach to Structural Equation Modeling*, Modern Methods for Business Research, 295-336.

Cooper, R. G. & Edgett S. J. (1996). Critical Success Factors for New Financial Services, *Marketing Management*, 5(3), 26-37.

Cronin, J. J., Brady, M. K. & Hult, G. T. M. (2000). Assessing the Effects of Quality, Value, and Customer Satisfaction on Consumer Behavioral Intentions in Service Environments, *Journal of Retailing*, 76(2), 193-218.

Cunningham, S. M. (1967). T*he major dimensions of perceived risk. Risk taking and information handling in consumer behavior*, Harvard University Press Boston, MA, 82-108.

Dabholkar, P. A. (1996). Consumer evaluations of new technology-based self-service options: An investigation of alternative models of service quality, *International Journal of research in Marketing*, 13(1), 29-51.

Davis, F. D. (1989). Perceived Usefulness, Perceived Ease of Use, and User Acceptance of Information Technology, *MIS Quarterly*, 319-340.

Davis, F. D., Bagozzi, R. P. & Warshaw, P. R. (1989). User acceptance of computer technology: A comparison of two theoretical models, *Management science*,

35(8), 982-1003.

Davis, F. D., Bagozzi, R. P. & Warshaw, P. R. (1992). Extrinsic & intrinsic motivation to use computers in the workplace, *Journal of applied social psychology*, 22(14), 1111-1132.

de Brentani, U. (2001). Innovative versus Incremental New Business Services: Different Keys for Achieving Success, *The Journal of Product Innovation Management*, 18(3), 169-187.

Dholakia, R. R. & Dholakia, N. (2004). Mobility and Markets: emerging outlines of m-commerce, *Journal of Business Research*, 57(12), 1391-1396.

Dick, A. S. & Basu, K. (1994). Customer loyalty: Toward an integrated conceptual framework, *Journal of the academy of marketing science*, 22(2), 99-113.

Dodds, W. B., Monroe, K. B. & Grewal, D. (1991). Effects of Price, Brand, and Store Information on Buyers' Product Evaluations, *The Journal of Marketing Research*, 307-319.

Downs, A. (1961). A Theory of Consumer Efficiency, *Journal of Retailing*, 37, 6-12.

Ducoffe, R. H. (1996). Advertising value and advertising on the web, *Journal of advertising research*, 36(5), 21-35.

Durlacher, U. (2001). Report: *Investment Perspective*, Durlacher Research Ltd, Bonn.

Durndell, A. & Thomson, K. (1997). Gender & computing: A decade of change?, *Computers & Education*, 28(1), 1-9.

Edgett, S. (1994). The Traits of Successful New Service Development, *Journal of Services Marketing*, 8(3), 40-49.

Ellen, P. S., Bearden, W. O. & Sarma, S. (1991). Resistance to technological innovations: an examination of the role of self-efficacy and performance satisfaction. *Journal of the Academy of Marketing Science*, 19, 297-307.

Engel, J. F., Blackwell, R. D & Miniard, P. W. (1995). *Consumer Behavior*, Chicago: The Dryden Press.

Engel, J. F., Blackwell, R. D. & Miniard, P. W. (1993). *Consumer behavior,* Harcourt broce joranovich college publishers: The Dryden Press.

Fang, M. l., Bae, S. W. & Kim, W. M. (2008). Moderating effects of switching barriers on the customer satisfaction & relation continuance intention - a comparative study between china & korea, *Journal of North-east Asian cultures*, 16, 321-344.

Fischer, E., Gainer, B. & Bristor, J. (1997). The Sex of the Service Provider: Does It Influence Perceptions of Service Quality?, *Journal of Retailing*, 73(3), 361-382.

Fishbein, M. & Ajzen, I. (1975). *Belief, Attitude, Intention and Behavior: An Introduction to Theory and Research, Reading*, MA: Addison-Wesley.

Frambach, R. T., Prabhu, J. & Verhallen, T. M. (2003). The influence of business strategy on new product activity: The role of market orientation. I*nternational journal of research in marketing*, 20, 377-397.

Frederick, F. R. & Sasser, W. E. (1990). *Zero defections: Quality comes to services*, Harvard Business Review, 68(5), 105.

Gao, Y. (2005). Applying the Technology Acceptance Model to Educational Hypermedia: A Field Study, *Journal of Educational Multimedia and Hypermedia*, 14(3), 237-247.

Garbarino, E. & Johnson, M. S. (1999). The different roles of satisfaction, trust, and commitment in customer relationships, *The Journal of Marketing*, 62(2), 70-87.

Gefen, D., Straub, D. & Boudreau, M. C. (2000). Structural equation modeling and regression: Guidelines for research practice, *Communications of the association for information systems*, 4(1), 1-77.

Goldstein, S. M., Johnston, R., Duffy, J. & RAO, J. (2002). The service concept: the missing link in service design research? *Journal of Operations management*, 20, 121-134.

Gresham, G., Hafer, J. & Markowski, E. (2006). Inter-functional market orientation between marketing departments & technical departments in the management of the new product development process. *Journal of Behavioral and Applied Management*, 8, 53-55.

Griffin, A. (1997). PDMA Research on New Product Development Practices: Updating Trends and Benchmarking Best Practices, *Journal Product Innovation Management*, 14(1), 429-458.

Gruhl, D., Bailey, J., Spohrer, J. & Maglio, P. (2007). Steps toward a science of service systems, *Computer*, 71-77.

Gupta, A. K., Raj, S. P. & Wilemon, D. (1986). A Model for Studying R&D Marketing Interface in the Product Innovation Process, T*he Journal of Marketing*, 50(2), 7-32.

Halstead, D., Palstead, D. & Page, T. J. (1992). The effects of satisfaction & complaining behavior on consumer repurchase intentions, *Journal of Consumer Satisfaction, Dissatisfaction & Complaining Behavior,* 5, 1-11.

Han, S. (2005). Determinants of the User's Intention to Use of Mobile Banking, *Society for e-Business Studies*, 10(3), 135-157.

Henfridsson, O. & R. Lindgren (2005), Multi-Contextuality in Ubiquitous Computing: Investigating the Car Case through Action Research, *Information and Organization*, 15(2), 95-124.

Heskett, J. L., Jr. W.E, & Hart, C. W. (1990). S*ervice Breakthroughs : Changing the Rules of the Game*, NewYork, Free Press.

Homburg, C. & Rudolph, B. (2001). Customer satisfaction in industrial markets: dimensional & multiple role issues, *Journal of Business Research*, 52, 15-33.

Hong, S. J., Thong, J. Y. & Tam, K. Y. (2006). Understanding continued information technology usage behavior: A comparison of three models in the context of mobile internet, *Decision support systems*, 42(3), 1819-1834.

Hu, P. J., Chau, P. Y., Sheng, O. R. L., & Tam, K. Y. (1999). Examining the Technology Acceptance Model Using Physician Acceptance of Telemedicine Technology, *Journal of Management Information Systems*, 91-112.

Hu, Y. & Choi, J. H. (2014). Determinants of Mobile Gifts Purchasing, *Journal of Product Research*, 32(1). 105-113.

Hwang, Y. (2010). The moderating effects of gender on e-commerce systems Adoption factors: An empirical investgation, *Computers in Human Behavior*, 26(6), 1753-1760.

Igbaria, M., Iivari, J. & Maragahh, H. (1995). Why do individuals use computer technology? A finnish case study, *Information & management*, 29(5), 227-238.

Jackson, L. A., Alexer, V. E. & Hiram, E. F., Yong, Z. & Witt, E. A. (2010). Self-concept, Self-esteem, gender, race and information technology use, *Computer in Human*, 26(3), 323-328.

Jacoby, J. & Mazursky, D. (1984). Linking brand and retailer images: do the potential risks outweigh the potential benefits?, *Journal of Retailing,* 60(2), 105-122

Jang, H. Y. & Chung, S. Y. (2014). The interactions among social commerce properties, satisfaction, and reuse intention according to the consumer propensity and attitude, *Academy of customer satisfaction management*, 16(4), 167-192.

Jayawardhena, C. & Foley, P. (2000). Changes in the banking sector-the case of Internet banking in the UK, *Internet Research*, 10, 19-31.

Johne, A. & Storey, C. (1998). New service development: a review of the literature and annotated bibliography, *European The Journal of Marketing*, 32, 184-251.

Johnson, M. D. & Fornell, C. (1991). A framework for comparing customer satisfaction across individuals & product categories, *Journal of economic psychology*, 12(2), 267-286.

Joreskog, K. G. & Sorbom, D. (1989). *Lisrel 7: A Guide to the Program and Applications*, Chicago: SPSS.

Kang, M. H., Y. Gao., T. Wang., & Wang, M. (2015). The Role of Switching Costs in O2O Platforms: Antecedents and Consequences, *International Journal of Smart Home*, 9(3), 135-150.

Kannan, P., Chang, A. M. & Whinston, A. B. (2001). Wireless Commerce: Marketing Issues and Possibilities, *System Sciences, Proceedings of the 34th Annual Hawaii International Conference,* 6.

Kelly, K. (1998). New rules for the new economy: *Ten radical strategies for a connected world,* NY: Penguin Books, 24-25.

Kenny, D. & Marshall, J. F. (2000). Contextual Marketing: The Real Business of the Internet, *Harvard Business Review*, 78(6), 119-125.

Kleijnen, M., Wetzels, M. & de Ruyter, K. (2004). Consumer acceptance of wireless finance. *Journal of Financial Services Marketing*, 8, 206-217.

Koivisto, M. & Urbaczewski, A. (2004). The relationship between quality of service perceived and delivered in mobile Internet communications, *Information Systems & e-Business Management*, 2, 309-323.

Kotler, P. (1996). *Marketing Management(9th)*, New Jersey: Prentice-Hall.

Koufaris, M.(2002). Applying the technology acceptance model and flow theory to online consumer behavior, *Information systems research*, 13(2), 205-223.

Lai, A. W. (1995). Consumer Values, Product Benefits & Customer Value: A Consumption Behavior Approach, *Advances in Consumer Research*, 22, 381-381.

Laroche, M., Bergeron, J. & Goutal&, C. (2003). How intangibility affects perceived risk: the moderating role of knowledge and involvement, *Journal of Services Marketing*, 17(2), 122-140.

Larsen, J. N.(2001). Human Resources and Social Practice: The Knowledge-Intensive Business Service Firm as a Distributed Knowledge System, *The Service Industries Journal*, 21(1), 82-102.

Lin, J. C. C. & Lu, H. (2000). Towards an Understanding of the Behavioural Intention to Use a Web Site, *International Journal of Information Management*, 20(3), 197-208.

Lovelock, C. H. (1983). Classifying Service to Gain Strategic Marketing Insight, *The Journal of Marketing*, 47(3), 9-20.

Lu, J., Yao, J. E. & Yu, C. S. (2005). Personal Innovativeness, Social Influences and Adoption of Wireless Internet Services via Mobile Technology, *The Journal of*

Strategic Information Systems, 14(3), 245-268.

Luarn, P. & Lin, H. H. (2005). Toward an Understanding of the Behavioral Intention to Use Mobile Banking, *Computers in Human behavior,* 21(6), 873-891.

Ma, Q. & LIU, L. (2004). The technology acceptance model: A meta-analysis of empirical findings. *Journal of End User Computing*, 16, 59-72.

Mathieson, K., Peacock, E. & Chin, W. W. (2001). Extending the Technology Acceptance Model: The Influence of Perceived User Resources, *ACMSIG MIS Database*, 32(3), 86-112.

Mathwick, C., Malhotra, N. & Rigdon, E. (2001). Experiential Value: Conceptualization, Measurement & Application in the Catalog and Internet Shopping Environment, *Journal of Retailing*, 77(1), 39-56.

McLuhan, M. (1994). *Understanding Media: The Extensions of Man,* MIT press.

Medvinsky, G. & Neuman, C. (1993). Netcash: A Design for Practical Electronic Currency on the Internet, *In Proceedings of the 1st ACM conference on Computer & communications security*. ACM, pp. 102-106.

Menor, L. J. & Roth, A. V. (2007). New Service Development Competence in Retail Banking: Construct development and measurement validation, *Journal of operations Management*, 25(4), 825-846.

Meyer, M. C. & De Toreb, A. (2001). Perspective: Creating a Platform-based Approach for Developing New Service, *The Journal of Product Innovation Management*, 18(3), 188-204.

Meyers-Levy, J. & Sternthal, B. (1991). Gender Differences in the Use of Message Cues & Judgments, *The Journal of Marketing Research*, 28(1), 84-96.

Miniard, P. W. & Cohen, J. B. (1981). An examination of the Fishbein-Ajzen behavioral-intentions model's concepts & measures, *Journal of Experimental Social Psychology*, 17, 309-339.

Mobey Fourm (2011). *Mobile Wallet : Definition and Vision* Part 1.

Moon, J. W. & Kim, Y. G. (2001). Extending the tam for a world-wide-web context,

Information & management, 38(4), 217-230.

Mort, G. S. & Drennan, J. (2002). Mobile Digital Technology: Emerging Issue for Marketing, *Journal of Database Marketing*, 10(1), 9-23.

Mullet, G. M. & Karson, M. J. (1985). Analysis of Purchase Intent Scales Weighted by Probability of Actual Purchase, *The Journal of Marketing Research*, 93-96.

Narver, J. C. & Slater, S. F. (1990). The effect of a market orientation on business profitability. *The Journal of Marketing*, 54(4), 20-35.

Nielsen, J. & Phillips, V. L. (1993). Estimating the Relative Usability of Two Interfaces: Heuristic, Formal, and Empirical Methods Compared. In Proceedings of the INTERACT'93 & CHI'93 conference on Human Factors in Computing Systems, *ACM*, 214-221.

Novak, T. P., Hoffman, D. L. & Yung, Y. F. (2000). Measuring the customer experience in online environments: A structural modeling approach, *Marketing science*, 19(1), 22-42.

Odekerken-Schrder, G., Wulf, K. D. & Schumacher, P. (2003). Strengthening outcomes of retailer-consumer relationships: The dual impact of relationship marketing tactics & consumer personality, *Journal of business research*, 56(3), 177-190.

Okazaki S. & M. Hirose(2009). Does gender affect media choice in travel information search? an the use of mobile internet, *Tourism Management*, 30(6), 794-804.

Oliver, R. L. (1980). A cognitive model of the antecedents and consequences of satisfaction decisions, *The Journal of Marketing research*, 17(4), 460-469.

Oliver, R. L. (1999). Whence consumer loyalty?, *The Journal of Marketing*, 63, 33-44.

Oliver, R. L., Rust, R. T. & Varki, S. (1997). Customer delight: Foundations, findings, and managerial insight, *Journal of Retailing*, 73(3), 311-336.

Oliver, W. (1993). Calculativeness, trust and economics organization, *Journal of Law & Economies*, 36, 453-486.

Ong, C. S. & Lai, J. Y. (2006). Gender differences in perceptions & relationships among dominants of e-learning acceptance, *Computers in Human Behavior,* 22(5),

816-829.

Ong, G., C. S. & Lai, J. Y. (2006). Gender Differences in Perceptions & Relationships among Dominants of e-Learning Acceptance, *Computers in Human Behavior*, 22, 816-829.

Ortega, E., J. M. & Gonzalez, M. V. R. (2011). Explaining Physicians' Acceptance of EHCR Systems: An Extension of TAM with Trust and Risk Factors, *Computers in Human Behavior*, 27(1), 319-332.

Oswald, S. L., Turner, D. E., Snipes, R. L. & Butler, D. (1997). Quality determinants and hospital satisfaction. Perceptions of the facility and staff might be key influencing factors, *Marketing Health Services*, 18(1), 18-22.

Page, A. L. (1993). Assessing New Product Development Practices and Performance Establishing Crucial Norms, *Journal of Product Innovation Management*, 10(3), 274-290.

Pateli, A. G. & Giaglis, G. M. (2005). Technology innovation-induced business model change: a contingency approach. *Journal of Organizational Change Management*, 18, 167-183.

Pavlou, P. A. (2003). Consumer acceptance of electronic commerce: Integrating trust and risk with the technology acceptance model, *International journal of electronic commerce*, 7(3), 101-134.

Perks, H. & Riihela, N. (2004). An exploration of inter-functional integration in the new service development process. *The Service Industries Journal,* 24, 37-63.

Pikkarainen, T., Pikkarainen, K., Karjaluoto, H. & Pahnila, S. (2004). Consumer acceptance of online banking: An extension of the technology acceptance model, *Internet research*, 14(3), 224-235.

Ramaseshan, B., Caruana, A. & Loo, S. P. (2002). The effect of market orientation on new product performance: a study among Singaporean firms. *Journal of Product & Brand Management*, 11, 399-409.

Rathmell, J. M. (1974). *Marketing in the service sector*, Winthrop Cambridge, MA.

Reichheld, F. F. & Schefter, P. (2000). E-loyalty, *Harvard business review*, 78(4), 105-113.

Reynolds, K. E. & Beatty, S. E. (1999). Customer benefits and company consequences of customer-salesperson relationships in retailing, *Journal of Retailing*, 75(1), 11-32.

Richins, M. L. (1983). Negative word-of-mouth by dissatisfied consumers: A pilot study, *The Journal of Marketing,* 47(1), 68-78.

Rodgers, S & Harris, M. (2003). Gender & e-commerce: An exploratory study, *Journal of advertising research*, 43(3), 322-329.

Rogers, E. M. (1995). *Die Diffusion von Innovationen in der Telekommunikation*, Springer.

Rosen, L. D. & Weil, M. M. (1994). What we have learned from a decade of research(1983-1993) on the psychological impact of technology, *ACM SIGCAS Computer & Society,* 24(1), 3-9.

Rowley, J. (2006). An analysis of the e-service literature: towards a research agenda, *Internet research*, 16, 339-359.

Rundle-Thiele, S. & Mackay, M. M. (2001). Assessing the performance of brand loyalty measures, *Journal of Services Marketing*, 15(7), 529-546.

Ryu, I. & Lee, K. G. (2007). Gender Differences in Relationships among Influencing Factors of Information Technology Acceptance, J*ournal of Business Research*, 22(3), 177-206.

Ryu, I. & So, S. H. (2004). An Empirical Study on the Factors Influencing the Usage Intention of Internet Banking Systems, *The Journal of Industrial Economic Research*, 17(6), 2383-2404.

Sandeep, P. S. & Reddy, V. U. (1999). A new approach to subbrand adaptive filtering, IEEE, 47(3), 655-664.

Schierz, P. G., Schilke, O. & Wirtz, B. W. (2010). Understanding consumer acceptance of mobile payment services: An empirical analysis, Electronic Commerce

Research and Applications, 9(3), 209-216.

Schiffman, L. G. & Kanuk, L. L. (2000). *Consumer behavior*, 7th, New Jersey: Prentice-Hall

Sheth, J. N., Newman, B. I. & Gross, B. L. (1991). Why We Buy What We Buy: A Theory of Consumption Values, *Journal of Business Research*, 22(2), 159-170.

Shostack, G. L. (1977). Breaking free from product marketing. T*he Journal of Marketing*, 73-80.

Shuo, Z. & Lee, J. H. (2013). T*he Effect of O2O on Behavioral Intention and Preference*: KODISA.

Shukla, P. & Babin, B. J. (2013). Effects of consumer psychographics & store characteristics in influencing shopping value and store switching, *Journal of Consumer Behaviour*, 12(3), 194-203.

Simon, P. & Joel, M. (2011). The Age of the Platform: How Amazon, Apple, Facebook, and Google have Redefined Business. Motion Publishing Las Vegas, BookBaby.

Soderlund, M. (2002). Customer familiarity and its effects on satisfaction and behavioral intentions, Psychology & Marketing, 19(10), 861-879.

Standen, N. (2001). Social Places, Personal Spaces: How, Where and Why UK Students Use, Display and conceptualise Mobile Phones in a University Environment, *In New Technologies & Visions of Society Stream at the European Sociological Association Conference*, Helsinki.

Stanton, W. J. (1967). Fundamentals of marketing, Information Systems Division, National Agricultural Library.

Sun, Z. J. & Lee, J. H. (2014). A Study on the Effects of Characteristics of O2O on Attractiveness, Trust and Users' Intention, KODISA Conference, 84-87.

Sweeney, J. C., Soutar, G. N. & Johnson, L. W. (1999). The role of perceived risk in the quality-value relationship: a study in a retail environment. *Journal of retailing,* 75, 77-105.

Tam, J. L. (2008). Brand familiarity: Its effects on satisfaction evaluations, *Journal of*

Services Marketing, 22(1), 3-12.

Tax, S. S. & Stuart. (1997). Designing and Implementing new service : The Challenges of Integrating Service System, *Journal of Retailing*, 73(1), 105-132.

Taylor, S. & Todd, P. A. (1995). Understanding information technology usage: A test of competing models, *Information systems research*, 6(2), 144-176.

Teo, T. S., Lim, V. K. & Lai, R. Y. (1999). *Intrinsic and extrinsic motivation in internet usage,* Omega, 27(1), 25-37.

Tian, X. & Lee, J. (2015). An Introduction on Hotel O2O Application, *Journal of Korea Distribution Association, Proceeding Conference*, 87-90.

Tsai, W. H., Lo, H. W. & Chou, W. C. (2009). Evaluation of mobile services for the future of 3G operators, *International Journal of Mobile Communications*, 7, 470-493.

Tsalgatidou, A. & Pitoura, E. (2001). Business models & transactions in mobile electronic commerce: requirements and properties, *Computer Networks, 37*, 221-236.

Tse, D. K. & Wilton, P. C. (1988). Models of consumer satisfaction formation: An extension, *The Journal of Marketing research*, 25(2), 204-212.

Van der Heijden, H. (2004). User Acceptance of Hedonic Information Systems, *MIS Quarterly*, 695-704.

Venkatesh, V. & Davis, F. D. (2000). A Theoretical Extension of the Technology Acceptance Model: Four Longitudinal Field Studies, *Management Science*, 46(2), 186-204.

Venkatesh, V. & Morris, M. G. (2000). Why Don't Men ever stop to ask for Directions? Gender, Social influence, and their role in technology acceptance and usage behavior, *MIS Quarterly*, 24(1). 115-139.

Venkatesh, V., Morris, M. G., Davis, G. B. & Davis, F. D. (2003). User Acceptance of Information Technology: Toward a Unified View, *MIS Quarterly*, 425-478.

Verhoef, P. C., Franses, P. H. & Hoekstra, J. C. (2002). The effect of relational constructs on customer referrals and number of services purchased from a multi-service provider: Does age of relationship matter?, *Journal of the Academy of Marketing Science*, 30(3), 202-216.

Verkasalo, H., Lopez-Nicolas, C. F., Molina-Castillo, J. & Bouwman, H. (2010). Analysis of Users and Non-Users of Smartphone Applications, *Telematics and Informatics*, 27(3), 242-255.

Voss, Jr. P. (1984). Status shifts to peer influence, *Advertising Age*, 17(10), 1-10.

Woods, N. & Catanzaro, M. (1988). Nursing Research, Theory & Practice. St. Louis, Washington DC, Toronto: The C.V. Mosby Incorporated.

Zeithaml, V. A. (1988). Consumer Perceptions of Price, Quality, & Value: A Means-end Model & Synthesis of Evidence, *The Journal of Marketing*, 2-22.

Zeithaml, V. A., Berry, L. L. & Parasuraman, A. (1996). The behavioral consequences of service quality, *The Journal of Marketing*, 60(2), 31-46.

▣ 부록 : 설문지

모바일 지갑의 사용요인에 관한 연구

안녕하십니까?

귀하의 무궁한 발전을 기원합니다.

저는 서울과학종합대학원에서 “모바일 지갑의 사용요인에 관한 연구”라는 주제로 논문을 준비하고 있습니다. 바쁘신 가운데도 설문에 참여해 주셔서 감사드립니다.

본 설문지를 통하여 얻어진 귀하의 고견은 본 연구조사 작업에 귀중한 자료가 될 것입니다. 또한 학문연구 목적으로만 활용될 것이며, 자료의 처리과정에 있어서도 절대로 비밀이 보장될 것입니다.

아무쪼록 바쁘신 중에도 본 연구조사 작업에 협조하여 주시면 대단히 감사하겠습니다.

2015년 5월

지도교수 : 한성대학교 사회과학대학 무역학과 교수 강명수
연 구 자 : 서울과학종합대학원 경영학과 박사과정 이상기
(연락처 : sangkilee4u@gmail.com)

면접일시 : 2015년 _____월 ______일 면접원 : ____________________

모바일 지갑이란, 선불충전 또는 신용카드를 스마트폰에 등록하여 직접 결제 및 소액 송금, 멤버십 및 쿠폰의 통합적으로 관리 및 사용할 수 있는 스마트폰 어플리케이션(앱)을 말합니다. 모바일 지갑은 제공사에 따라 금융사(은행, 카드사 등), 통신사, 제조사, 유통사 등이 있습니다. 설문조사는 금융사와 통신사의 모바일 지갑 사용자에 한정하여 설문코자 합니다. 아래 예시에 해당하는 모바일 지갑이 없거나, 사용자가 아니시면 설문을 중단해 주세요.

〈국내 금융사/통신사 모바일 지갑 예시〉

금융사		통신사
은행	카드사	
뱅크월렛카카오(15개은행) 하나 N월렛(하나은행)	KB Wise Wallet(국민카드) M포켓(삼성카드) 스마트월렛(신한카드)	LG유플러스(LGT) 모카월렛(KT) 시럽(SKT)

해당사항에 기재하시거나 번호에 ✔ 표시하여 주시기 바랍니다. 설문시간은 약 30여분 정도 소요될 것으로 예상됩니다.

감사합니다.

1-1. 귀하는 모바일 지갑(Mobile Wallet)을 사용하고 계십니까?
(1) 아니오 (설문을 중단하여 주시기 바랍니다)
(2) 이용하고 있습니다

1-2. 귀하는 모바일 지갑을 얼마나 자주 사용하십니까? (아래에 해당하지 않는 경우 설문을 중단해 주세요)
(1) 3개월에 1번 정도 (2) 1개월에 1번 정도 (3) 1주일에 1번 정도
(4) 4~5일에 1번 정도 (5) 2~3일에 1번 정도 (6) 거의 매일

1-3. 귀하의 휴대폰에 설치된 모바일 지갑은 몇 개입니까?
(1) 1개 (2) 2개 (3) 3개 (4) 4개 (5) 5개 (6) 5개 이상

1-4. 귀하는 모바일 지갑을 사용하신 지는 얼마나 되셨습니까?　　　년　　개월

1-5. 귀하가 가장 많이 사용하시(설문에 응답해 주실)는 모바일 지갑의 명칭(1개)은 무엇입니까? 직접 기재해 주세요
(국내 금융사/통신사 모바일 지갑 예시 중에서) : ________________

1-6. 귀하가 사용하시는 모바일 지갑을 사용하게 된 계기는 무엇입니까?
(1) 지인의 권유 또는 지인의 사용
(2) 신문, 방송 등 보도를 통해서
(3)인터넷 검색을 통해서
(4) 제공사의 직원권유 또는 안내문/사인물을 통해서
(5)휴대폰 구입시 설치되어 있어서
(6) 기타(　　　　　　　　)

1-7. 귀하의 모바일 지갑 사용 목적은 무엇입니까? (복수 응답)
(1) 멤버십·쿠폰의 통합관리
(2) 결제시(멤버십·쿠폰, 제휴처) 할인혜택
(3) 포인트 결제(사용)
(4) 간편송금 및 혜택(전화번호만으로 송금 가능 및 수수료 면제)
(5) 충전의 편리성(계좌연계 자동충전)
(6) 일상의 소액결제 편리성(편의점, 커피전문점, 베이커리, 영화관)
(7) ATM기 현금인출
(8) 쿠폰/상품권/기프트콘 사용
(9) 교통카드 기능
(10)가계부
(11) 이벤트 참여
(12) 기타(　　　　　)

2. 다음은 모바일 지갑의 특성에 관한 내용입니다. 귀하가 어떻게 생각하시는지를 각 항목에 대해 동의하는 번호에 ✔ 표시하여 주십시오.

모바일 지갑의 경제성((Economic)	전혀 그렇지 않다			보통 이다			확실히 그렇다
(1) 할인/적립/쿠폰/ 사용으로 경제적으로 도움이 된다	①	②	③	④	⑤	⑥	⑦
(2) 복합결제(할인과 동시에 적립 및 결제)로 시간이 절약된다	①	②	③	④	⑤	⑥	⑦
(3) 송금 수수료를 절약해 준다	①	②	③	④	⑤	⑥	⑦
(4) 모바일 지갑을 사용하는 것은 효율적이다	①	②	③	④	⑤	⑥	⑦
(5) 모바일 지갑을 통한 이벤트와 경품지급은 생활에 도움이 된다	①	②	③	④	⑤	⑥	⑦

모바일 지갑의 상황기반제공성(Contextual Offer)	전혀 그렇지 않다			보통 이다			확실히 그렇다
(1) 모바일 지갑은 나의 상황에 맞는 서비스를 제공한다	①	②	③	④	⑤	⑥	⑦
(2) 모바일 지갑은 실시간으로 최신정보를 제공한다	①	②	③	④	⑤	⑥	⑦
(3) 모바일 지갑은 내가 필요한 정보를 적시에 제공한다	①	②	③	④	⑤	⑥	⑦
(4) 모바일 지갑은 나의 위치를 감안해 정보를 얻을 수 있다	①	②	③	④	⑤	⑥	⑦
(5) 모바일 지갑은 내가 원하는 시간에 정보를 이용할 수 있다	①	②	③	④	⑤	⑥	⑦

모바일 지갑의 사용 편리성(User's Conveniency)	전혀 그렇지 않다			보통 이다			확실히 그렇다
(1) 멤버십카드, 종이쿠폰을 보관하지 않아 실물지갑은 얇아지고 가볍워진다	①	②	③	④	⑤	⑥	⑦
(2) 생활에 필요한 다양한 기능(전화번호로 송금, 더치페이 등)이 있어 편리하다	①	②	③	④	⑤	⑥	⑦
(3) 사용처(편의점, 카페, 영화관, 베이커리 등)가 많아 편리하다	①	②	③	④	⑤	⑥	⑦
(4) 개인화 서비스, 커뮤니케이션을 위한 다양한 기능을 제공한다	①	②	③	④	⑤	⑥	⑦
(5) 사용법이 간편해서 쉽게 사용할 수 있다	①	②	③	④	⑤	⑥	⑦
(6) 멤버십 및 쿠폰의 포인트/만기 등의 통합 조회 및 관리가 가능하여 편리하다	①	②	③	④	⑤	⑥	⑦

지각된 용이성(Perceived easy of use)

	전혀 그렇지 않다			보통 이다			확실히 그렇다
(1) 모바일 지갑을 이용시 많은 노력이 필요하지 않다	①	②	③	④	⑤	⑥	⑦
(2) 모바일 지갑의 기능은 누구나 쉽게 이용할 수 있다	①	②	③	④	⑤	⑥	⑦
(3) 모바일 지갑은 언제라도 편하게 이용할 수 있다	①	②	③	④	⑤	⑥	⑦
(4) 모바일 지갑을 이용하는 방법을 쉽게 배울 수 있다	①	②	③	④	⑤	⑥	⑦
(5) 모바일 지갑의 사용법은 쉽다	①	②	③	④	⑤	⑥	⑦
(6) 모바일 지갑 사용절차는 명확하다	①	②	③	④	⑤	⑥	⑦
(7) 타인의 도움 없이도 모바일 지갑을 사용할 수 있다							

지각된 유용성(Perceived usefullness)

	전혀 그렇지 않다			보통 이다			확실히 그렇다
(1) 모바일 지갑은 생활을 편리하게 한다	①	②	③	④	⑤	⑥	⑦
(2) 모바일 지갑은 정보를 얻는 시간을 줄여준다	①	②	③	④	⑤	⑥	⑦
(3) 모바일 지갑은 필요한 서비스를 얻는데 도움이 된다	①	②	③	④	⑤	⑥	⑦
(4) 모바일 지갑은 생활에 유용하다	①	②	③	④	⑤	⑥	⑦
(5) 모바일 지갑은 많은 도움이 된다	①	②	③	④	⑤	⑥	⑦
(6) 모바일 지갑은 큰 즐거움을 준다	①	②	③	④	⑤	⑥	⑦
(7) 모바일 지갑은 나의 욕구를 잘 충족 시켜준다							

지각된 즐거움(Pleasure)

	전혀 그렇지 않다			보통 이다			확실히 그렇다
(1) 모바일 지갑을 사용하는 방식은 특이하고 재미있다	①	②	③	④	⑤	⑥	⑦
(2) 모바일 지갑의 사용은 흥미를 유발시킨다	①	②	③	④	⑤	⑥	⑦
(3) 모바일 지갑의 사용은 호기심을 자극시킨다	①	②	③	④	⑤	⑥	⑦
(4) 모바일 지갑의 사용은 즐거운 일이다	①	②	③	④	⑤	⑥	⑦
(5) 모바일 지갑을 통해 새로운 경험을 하게 된다	①	②	③	④	⑤	⑥	⑦
(6) 모바일 지갑 사용은 긴장 해소에 도움이 된다	①	②	③	④	⑤	⑥	⑦

지각된 보안성(Perceived Security)

	전혀 그렇지 않다			보통 이다			확실히 그렇다
(1) 모바일 지갑은 거래정보 유출 위험이 낮다	①	②	③	④	⑤	⑥	⑦
(2) 모바일 지갑은 해킹 위험이 낮다	①	②	③	④	⑤	⑥	⑦
(3) 모바일 지갑은 개인정보 유출 위험이 낮다	①	②	③	④	⑤	⑥	⑦

사용의도(Intention of use)	전혀 그렇지 않다			보통 이다			확실히 그렇다
(1) 모바일 지갑을 사용할 의도가 있다	①	②	③	④	⑤	⑥	⑦
(2) 모바일 지갑을 사용할 것 같다	①	②	③	④	⑤	⑥	⑦
(3) 모바일 지갑을 사용할 계획이다	①	②	③	④	⑤	⑥	⑦

사용자 만족(Satisfaction)	전혀 그렇지 않다			보통 이다			확실히 그렇다
(1) 모바일 지갑의 서비스 경험에 만족한다	①	②	③	④	⑤	⑥	⑦
(2) 모바일 지갑이 제공하는 서비스 품질에 만족한다	①	②	③	④	⑤	⑥	⑦
(3) 모바일 지갑이 제공하는 각종 혜택에 만족한다	①	②	③	④	⑤	⑥	⑦
(4) 모바일 지갑이 제공하는 편리성에 만족한다	①	②	③	④	⑤	⑥	⑦

지속적인 사용의도(Intention to Continued Use)	전혀 그렇지 않다			보통 이다			확실히 그렇다
(1) 향후에 모바일 지갑을 지속적으로 이용할 것이다	①	②	③	④	⑤	⑥	⑦
(2) 향후에 모바일 지갑을 더 자주 이용할 것이다	①	②	③	④	⑤	⑥	⑦
(3) 향후에 모바일 지갑의 결제금액을 확대할 것이다	①	②	③	④	⑤	⑥	⑦
(4) 향후에 모바일 지갑의 포인트 사용을 확대할 것이다	①	②	③	④	⑤	⑥	⑦
(5) 향후에 모바일 지갑을 일상생활에 활용할 것이다	①	②	③	④	⑤	⑥	⑦
(6) 향후에 모바일 지갑을 지속적으로 이용할 것이다	①	②	③	④	⑤	⑥	⑦

구전의도(intention of word-of-mouth)	전혀 그렇지 않다			보통 이다			확실히 그렇다
(1) 나는 주위 사람들에게 모바일 지갑에 대해서 이야기 할 것이다	①	②	③	④	⑤	⑥	⑦
(2) 나는 주위 사람들에게 모바일 지갑을 추천할 의사가 있다	①	②	③	④	⑤	⑥	⑦
(3) 나는 주위 사람들에게 모바일 지갑의 권유할 것이다	①	②	③	④	⑤	⑥	⑦
(4) 나는 모바일 지갑에 대해 긍정적인 댓글을 작성 의향이 있다	①	②	③	④	⑤	⑥	⑦
(5) 나는 모바일 지갑에 대해서 추천(좋아요)을 할 의사가 있다	①	②	③	④	⑤	⑥	⑦

아래 설문은 통계처리를 위한 배경설문입니다. 빠짐없이 꼭 기록해 주세요

1. 귀하의 성별은? (1) 남성 (2) 여성

2. 귀하의 나이는? 만 ______ 세

3. 귀하의 결혼 여부는? (1) 미혼 (2)기혼

4. 귀하의 거주 지역은 어디입니까?
(1) 특별시/광역시 (2) 수도권 주요도시 (3)지방도시 (4)농어촌 (5)기타

5. 귀하의 학력은?
(1) 중졸이하 (2) 고졸 (3) 대졸 (4) 석사이상

6. 귀하의 직업은?
(1) 학생 (2) 회사원 (3) 공무원 (4) 전문직 (5) 자영업 (6) 전업주부 (7) 기타

7. 귀하의 한달 평균 소득은?
(1) 50만원이하 (2) 51~100만원 (3) 101~150만원 (4) 151~200만원
(5) 201~250만원 (6) 251~300만원 (7) 301~400만원 (8) 401~500만원
(9) 501~600만원 (10) 601~700만원 (11) 701~800만원 (12) 801만원이상

8. 모바일로 금융상품 검색시 활용한 채널은 무엇인가요? (복수 응답)
(1)검색하지 않음 (2)금융기관 홈페이지 (3)검색 포털사이트
(4)언론사 홈페이지 (5) 금융상품 정보공유 커뮤니티 (6) 타인의 블로그
(7) 금융기관 협회 홈페이지

9. 모바일로 금융상품 검색 횟수는 ?
(1) 1년에 1번 정도 (2) 6개월에 1번 정도 (3) 3개월에 1번 정도
(4) 1개월에 1번 정도 (5) 1주일에 1번 정도 (6) 거의 매일

10. 모바일뱅킹을 통한 주요 금융거래는 ? (복수 응답)
(1) 자금이체 (2) 거래내용(잔액) 확인 (3) 공과금 납부 (4) 환전
(5)이벤트 참여

11. 금융기관의 다른 채널은 얼마나 이용 하십니까? (1개월기준 평균 이용횟수)
(1)지점방문 (회) (2)온라인뱅킹 (회) (3)실내ATM (회)
(4)실외ATM (회)

12. 귀하의 금융자산 규모는 얼마인가요?

(1) 500만원이하	(2) 501~1,000만원	(3) 1,001~1,500만원
(4) 1,501~2,000만원	(5) 2,001~2,500만원	(6) 2,501~3,000만원
(7) 3,001~3,500만원	(8) 3,501~5,000만원	(9) 5,001 ~ 1억원
(10) 1억원 ~ 3억원	(11) 3억 ~ 5억원	(12) 5억원초과

오랜 시간 협조해 주셔서 대단히 감사합니다.

▣ ABSTRACT

Study on the development, use intention and word-of-mouth intention of Mobile Applications in the O2O

- Focused on Mobile Wallet -

Lee, Sang Ki
Seoul School of Integrated Sciences & Technologies

Advisor: Kang, Myung Soo, Ph.D.
Department of International Trade, Hansung University

In modern society, mobile is becoming an essential tool of life. As various mobile applications based on mobility, portability, interactivity are being developed, marketing and service delivery have become an important medium. As information and communication technology evolves while boundaries between industries disappear, O2O service, which links online to offline, or vice versa, has gained attention from various industries. O2O, which is built on the mobile platform, has changed the prevailing producer-centric distribution channel into customer-centric distribution channel.

With a myriad of applications are being developed and provided to customers, mobile applications are becoming more important to companies as a marketing contact point, customer-centric new product development and its relevant study is becoming more important determinant factor for success of business. Applications are tested and can be easily removed after use and being provided with the most downloaded free of charge. Unnecessary applications can be deleted while the useful applications gain popularity among users by word of mouth. The success of application is determined in its development stage. Thus, this study narrates the success factors of mobile wallet product development in three stages providing the case example of mobile wallet, which is in the center of Fintech.

First, innovative application development is a key for success. The development of KEB Hana Bank's N-Wallet is discussed for the empirical case study. The development of information technology is expanding product spectrum of new services on the back of advanced internet and new platform within financial industry. Thanks to the development, various financial services which are related to smart phone are being developed, and, especially, a mobile wallet which promotes convenience in payment is at the heart of facilitation of smartphone banking. A mobile wallet, based on the user location, provides O2O (online to offline or vice versa), which is the key characteristic of the service. This study, based on the five success factors of new services studied by Menor and Roth (2007): 'development process'. 'service strategy', 'market orientation', 'cultural development' and 'Information Technology' provides the strategy of successful mobile wallet service development. In conclusion, KEB Hana Bank's N-Wallet is an innovative mobile application developed by a group of specialists who emphasized entertainment perspective and thorough market and customer analysis. Also, under the goal of market facilitation of smart phone, the product put more weight on optimization of user friendliness over new technology development, which guaranteed the product success coupled with proactive support from its company.

Second, this study has identified the key product characteristics of a mobile wallet which affect customers' intention of usage for innovative products. After observing the customers' comments, convenience and economic feasibility have been identified as a key characteristic of a mobile wallet. for the study on intention of mobile application usage, this study has examined the impact of signature characteristics of a mobile wallet (convenience, economic feasibility, context-based information, perceived ease of use, perceived usefulness) on the intention of usage, and it also have identified the occupational and gender difference on the intention of usage. For the empirical analysis, a survey was carried out to a sample comprising of students and office workers who have used mobile wallet prior to the survey. As a result of hypothesis testing, the product characteristic(convenience, economic feasibility, context-based information) of a mobile wallet has a positive effect on perceived ease of use and perceived usefulness. In detail, the convenience and context-based information have positive effect on the perceived ease of use. The economic feasibility of a mobile wallet has a positive effect on the perceived ease usefulness. Perceived ease of use has a positive effect on the perceived usefulness. The ease of use and the usefulness have positive effect on the intention of usage. While the impact of usage based on occupation is limited, the test result has shown that there is a significant impact of usage based on genders.

Lastly, this study has examined the effect of customers' word of mouth on the usage of innovative products. SNS has gained popularity thanks to the expansion of smart phone, word of mouth marketing has become an important marketing tool. I believe customer satisfaction, consistent usage and word of mouth marketing are essential to the survival of business. Especially, this study examines the origin and gender difference of the word of mouth. To the effect of word of mouth on perceived ease of use, perceived enjoyment, user satisfaction, consistent usage, a test was conducted based on PAM (post acceptance model),

The test results are as follows: Perceived usefulness, perceived easy of use, perceived enjoyment, perceived security have a positive effect on user's satisfaction. Perceived usefulness has a positive effect on the consistent usage. User's satisfaction has a positive effect on the consistent usage. User's satisfaction has a positive effect on the word of mouth. consistent usage has a positive effect on the word of mouth. User's satisfaction on the consistent usage varies on genders. This study has examined user satisfaction, consistent usage and word of mouth of the mobile wallet, which is at the heart of fintech development, and, I believe, it may provide implication to mobile application development and marketing.

This study, with the case study of a mobile wallet, an innovative product in O2O environment, has examined the successful product development factors, key product characteristics that may affect customers' intention of usage and key factors that may affect the word of mouth among customers. We believe that the result of the study may provide valuable implications to companies that wish to develop innovative product and service under O2O environment. However, one must be aware of the fact that a mobile wallet is still at an early product development stage. Thus, further researches on a mobile wallet are needed as its market become mature.

Key words: Mobile wallet, NSD, TAM, TAM 3, PAM, Word-of-mouth

Student Number: 1302021007

▣ 감사의 글

26년째인 직장생활 가운데 한 가지 아쉬운 점이 있었습니다. 그것은 짧지 않은 직장생활을 정리해보고 싶다는 생각이었습니다. 내 방식대로 정리는 별로 의미가 없다고 여겨졌습니다. 가급적이면, 사회에서 통용되는 방식으로 하고 싶었습니다. 그러기 위해서 독립된 연구를 할 수 있는 연구자로서의 자격이 필요했고, 2013년 박사학위전문 과정을 운영하고 있는 서울과학종합대학원에 진학하게 되었습니다. 졸업까지 최소 4년은 소요될 것으로 보여 시간, 환경, 경제적인 문제들이 큰 장애물로 다가왔습니다. 하지만, “구하라 그리하면 너희에게 주실 것이요. 찾으라 그리하면 찾아낼 것이요. 문을 두드리라 그리하면 너희에게 열릴 것이니 구하는 이마다 받을 것이요. 찾는 이는 찾아낼 것이요. 두드리는 이에게는 열릴 것이다”(마태복음 7:7~8)라는 말씀을 의지하고 시작 하였습니다. 입학 시 너무 쉽게 생각했던 것과는 달리 시간이 흐를수록 점점 미로와 같다는 생각이 들었지만 그럴 때마다 주님께 기도할 수 있는 시간이 되어 참으로 좋았습니다. 많이 부족했던 저를 믿고 지도해주신 강명수 교수님, 사례논문을 통해 논문의 감을 잡을 수 있도록 도와주신 김보영 교수님, 심사위원장을 맡아주신 고영희 교수님, 저희 동기생들을 맡아 빛나게 해주신 박정열 교수님, 심사를 위해 바쁘신 일정을 내어주신 김병재 교수님, 섬세한 심사로 도움을 주신 구자원 교수님, 주제와 방법론 토론을 통해서 단단해 질 수 있게 한 Paper-pals 회원들, 3년 6개월간 함께 동고동락한 원우 박사님들께 진심으로 감사드립니다. 항상 환경과 여건을 고려하지 않고 언제나 내 편이 되어 힘이 되어준 사랑하는 아내, 자랑스러운 아들 찬민과 우리 가정의 선물인 하경에게도 고마움을 전합니다. 병석에서도 부족한 자식을 위해 기도를 잊지 않으시는 어머님, 항상 아들처럼 여겨주시는 장인과 장모님, 고등학교 때부터 친자식처럼 챙겨주시는 고모부 내외분께도 진심으로 감사드립니다. 지금까지 많은 분들의 도움으로 여기까지 왔습니다. 감사한 분들의 기대가 헛되지 않도록 맡은 자리에서 최선을 다하겠습니다. 이렇게 부족한 제가 여기까지 올 수 있던 것은 오직 주님의 은혜였습니다. 감사합니다.

O_2O를 활용한 모바일 앱 구전 확대전략

- 모바일 지갑(Mobile Wallet)을 중심으로 -

2016년 10월 4일 | 초판 인쇄
2016년 10월 7일 | 초판 발행

지 은 이 | 이상기
발 행 인 | 김은중
발 행 처 | 서울경제경영출판사
북디자인 | (주)우일미디어디지텍

주 소 | 120-808 서울특별시 서대문구 대현동 67-5
전 화 | 02)313-2682
팩 스 | 02)313-8860

등 록 | 1998년 1월 22일 제5-63호

ISBN 978-89-97937-55-4 93320 정가 12,000원